U0782731

区域土地利用变化机制研究
——五台山地区代表性研究

席梅竹　著

天津出版传媒集团
天津科学技术出版社

图书在版编目（CIP）数据

区域土地利用变化机制研究：五台山地区代表性研究 / 席梅竹著. -- 天津：天津科学技术出版社，2023.3

ISBN 978-7-5742-0826-1

Ⅰ. ①区… Ⅱ. ①席… Ⅲ. ①五台山－土地利用－研究 Ⅳ. ①F321.1

中国国家版本馆CIP数据核字(2023)第022685号

区域土地利用变化机制研究：五台山地区代表性研究
QUYU TUDI LIYONG BIANHUA JIZHI YANJIU : WUTAISHAN DIQU DAIBIAOXING YANJIU

责任编辑：张　萍
责任印制：兰　毅
出　　版：天津出版传媒集团 / 天津科学技术出版社
地　　址：天津市西康路35号
邮　　编：300051
电　　话：（022）23332490
网　　址：www.tjkjcbs.com.cn
发　　行：新华书店经销
印　　刷：定州启航印刷有限公司

开本 710×1000　1/16　印张 13.5　字数 230 000
2023年3月第1版第1次印刷
定价：78.00元

前言 Preface

土地利用变化会对气候、水文、景观等产生影响，其关系着我国生态环境和生态系统的质量，成为当前我国发展不可忽视的重要研究领域。与此同时，随着我国经济社会和科学技术的发展，各种测量手段、方法层出不穷，在定量测量和获取土地利用变化数据方面大有裨益，有助于人们掌握土地利用变化机制和规律，进而指导区域土地可持续利用和发展。

五台山地区位于山西省忻州市的东北部，被誉为“华北屋脊”，属于前震旦纪早期隆起的轴心部分。五台山地貌类型多样，包括断块高中山地、河谷沟川区以及属于积陷盆地的山间黄土台地，同时五台山地区主要为农业人口聚集区和农业种植区，是研究区域土地利用变化机制的最佳选择。

本书以五台山地区土地利用变化为例，对土地利用变化机制及其发展进行探讨和研究，包括土地利用变化效应、土地利用变化驱动力等。本书积极探索区域土地利用变化的规律和演变机制，为实现区域土地可持续利用提供新的思路和方案。

第一章主要对土地利用变化研究的背景和意义展开深入探讨和剖析，包括土地利用与土地覆盖变化、当前我国土地利用发展趋势等，并在此基础之上介绍土地利用变化的研究进展、研究背景、土地利用变化相关理论以及区域土地利用的背景与研究内容等，旨在帮助研究人员全面掌握区域土地利用变化的基础知识和整体思路，以更好地开展后续研究。

第二章介绍了我国土地利用管理制度和法律体系，包括土地利用法律体系、土地利用规划制度、土地用途管制制度、土地节约集约利用制度等。本章从法律、制度和政策的角度出发，剖析土地利用的法律支撑和制度支撑，以更好地研究区域土地利用主体的行为和决策机制。

第三章探讨了土地利用变化的效应和影响，分析土地利用变化对气候、水文、碳排放、景观格局等造成的影响，并针对影响途径、影响方式进行探讨，并在此基础之上，以五台山土地利用变化的效应为例，具体分析五台山的土地利用变化对景观格局、碳排放产生的影响，同时对结果进行分析和总结，旨在帮助研究人员更好地理解土地利用变化的作用和影响。

第四章对土地利用变化系统的要素、组成结构进行深入分析，包括土地利用变化系统的特征、功能等，为实现区域土地可持续利用和发展提供理论支撑。

第五章介绍了土地利用变化驱动力机制，包括自然因素和人文因素，并重点阐述社会经济发展驱动因素的作用和影响途径，旨在帮助研究人员掌握影响土地利用变化规律的动力和机制。同时，本章以五台山土地利用变化为例，具体分析影响土地利用变化的驱动力因素，探讨五台山区域土地利用变化驱动力机制，为土地利用研究人员调整区域土地利用政策和制度提供思路和途径，以最终实现区域土地资源的合理开发和利用。

第六章提出构建区域土地可持续利用评价体系，包括评价指标体系的要素和内容、评价指标的标准、构建评价指标的方法等，旨在通过评价促进建设，更好地完善和提高区域土地可持续利用水平。

第七章提出区域土地可持续利用的方法和策略，包括农业用地、建设用地、生态用地可持续利用的方法和措施，旨在完善和提高区域土地可持续利用水平。

本书结构严谨，内容层层递进，语言深入浅出，系统地介绍了土地利用变化机制，希望对土地利用变化研究人员有所帮助。由于笔者精力有限，难免会存在不足之处，敬请广大读者批评指正！

目录
Contents

第一章　绪论

土地利用与土地覆盖变化（Land Use and Land Cover Change，LUCC）是全球环境变化和可持续发展的重要组成部分，在全球物质循环和能量流动中起着关键作用，因此研究土地利用变化的规律，利用模型拟合并预测区域土地利用变化趋势和发展规律，对于科学开发和利用区域土地资源，促进区域可持续发展具有重要意义。

本章主要探讨土地利用变化研究的背景和意义，包括区域、土地、土地利用变化等基础知识，并在这一基础之上分析土地利用变化的研究进展和研究框架，对区域土地利用现状进行剖析，旨在帮助读者全面了解土地利用变化研究的内容。

第一节　土地利用变化研究的概念、背景和意义

从区域层面来看，开展土地利用变化研究有利于生态保护管理更加科学化和精细化，并有助于促进区域土地可持续利用和发展，具有重要的作用和价值。

一、土地利用变化相关概念

在对土地利用变化进行研究之前，我们必须了解土地利用变化的相关概念，以便于掌握土地利用变化的研究重点。

（一）区域的概念

区域这一概念最早被地理学使用，且是地理学研究的中心概念。随着经

济社会的发展，区域这一说法逐渐应用到社会学、政治学、行政学、经济学等领域，并有着不同的含义。

在地理学领域中，区域是地球表壳的地域单元，具有不可遗漏性和可重叠性。

在行政学领域中，区域是国家管理的行政单元，具有层次性和可量性。

在社会学领域中，区域是指具有共同语言、共同信仰、共同民族特征的人类社会聚落。

在经济学领域中，区域是指由人们的经济活动形成的围绕经济活动中心、具有特定构成要素且不可无限分割的经济社会综合体。

大部分学者认为，区域是指按照一定标准进行划分的、连续有限的空间范围，是具有社会、自然或经济特征的某个方面或几个方面同质性的地域单元。

从我国土地利用管理和调控的角度出发，行政区域是研究土地利用变化机制比较合适的范围。

（二）土地的概念

到目前为止，人们对有关土地的科学概念仅形成初步的共识，即土地是由气候、土壤、地貌、植被、水文等自然要素和人类劳动成果相结合的自然—经济综合体，具有以下基本特性，如图 1–1 所示。

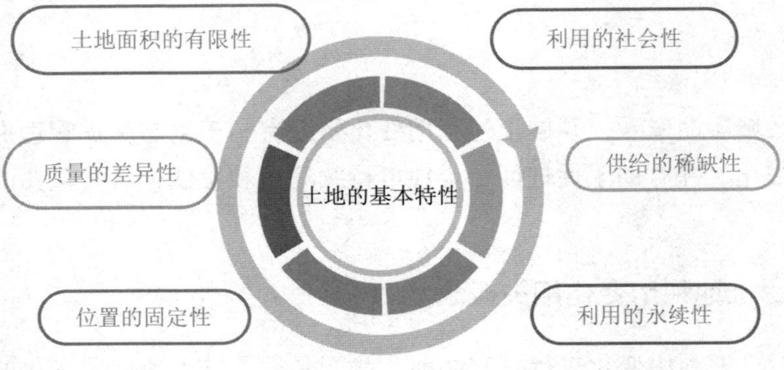

图 1–1　土地的基本特性

1. 土地面积的有限性

土地的面积是有限的，人类不能创造土地，亦不能增加土地的面积。围湖造田只是改变土地的用途，并没有增加土地的面积。

2. 质量的差异性

不同区域所处的地理位置不同，其自然环境条件也不同。因此，每个区域的土地质量亦有所差异。

3. 位置的固定性

土地的位置具有固定性，不会轻易改变。土地位置的固定性决定着土地的适用性和有用性，要求人们做到因地制宜利用土地。

4. 利用的永续性

土地资源是不可再生资源，但可以重复利用土地资源生产产品或提供服务，具有利用的永续性。需要注意的是，土地永续利用具有相对性，一旦破坏土地资源的平衡和功能，就会破坏土地的永续利用。

5. 供给的稀缺性

土地供给并不是没有限制的，由于土地面积是有限的，这导致土地供给亦是有限的，具有供给的稀缺性。

6. 利用的社会性

个人或单位都可以利用土地从事生产活动或社会活动，其具有利用的社会性。

（三）土地利用的概念

土地利用是一个古老而又年轻的研究领域，说它古老是因为在土地利用方面，我国很早就开始研究，只是没有形成系统的理论和著作；说它年轻是因为关于土地利用的概念至今没有形成统一的认识。

1. 土地利用的概念和定义

每个学者对土地利用的观点都有所差异，常见的土地利用观点有以下几种。

陈百明认为，土地利用是人类为经济和社会目的而进行的一系列技术和生物活动，对土地进行长期或周期经营是在人类活动干预下进行自然再生产和经济再生产的过程，受到自然条件、经济技术、社会条件的影响。因此，土地利用是特定地区内自然、技术和经济条件共同作用的产物。

严金明认为，土地利用是在特定的时期和地区条件下，对土地资源进行开发、利用、治理、保护和管理的过程，其通过一系列的合理利用，以更好地协调和组织人地关系、人与资源关系，最终获得最大生态经济效益。

曹振良认为，土地利用是人们按照土地的自然特性、社会对土地的需要等，对一个国家或地区的土地进行合理配置和有效使用。

刘彦随认为，土地利用实质上是自然、经济、生态和社会等多种类型的子系统有机复合组成的、生态经济的持续运动过程。

国家土地管理局认为，土地使用是指人类通过一定的行动，以土地为劳动对象或手段，通过土地的特性以满足自我需要的过程。

在《现代地理科学词典》中，土地利用的概念如下：土地利用是人类根据土地的自然特点，以一定的经济和社会目的为目标，采取一系列生物和技术手段，对土地进行周期性或长期性的治理改造和经营管理活动。

从上述表述中可以看出，虽然各个学者对土地利用的认识各有侧重，但包含着一个共同点，即需要人类参与，以土地为对象，涉及土地的自然、经济、生态、社会等方面。

土地利用反映人类与自然界相互作用、相互影响的最直接和最密切的关系，是人类活动与自然环境相互作用最直接的表现形式。

需要注意的是，土地利用具有较强的地域性和综合性，受到多方面因素的影响，包括自然环境、社会、技术、经济以及历史文化等因素。

2. 土地利用的本质

在理解土地利用的本质时，我们应当从以下几个方面进行掌握和认识。

（1）土地利用基质的自然生态系统性。对土地而言，其具有各种自然属性，具体包括土地自然构成要素（如气候、土壤等）的性质、土地综合质量状况等，这些自然属性对土地利用方式和手段起着基础的制约作用。人类在选取土地利用方式时，应当考虑是否符合生态规律的要求。

（2）土地利用方式的技术系统性。技术是人类与土地进行物质、信息和能量交换的媒介和手段，并制约着土地利用的方式。

土地是多种自然因素的综合体，具体包括地形、地貌、水分、地质等因素，而土地利用本质上是对这些因素的利用和保护，因此有必要通过科学技术对其进行改造和控制。人类在选择土地利用技术时，应当考虑技术水平。

（3）土地利用目的的经济系统性。对人类而言，其利用土地的根本目的是满足自身生存和发展的需要，人类需要的是土地的各种功能，而非土地物质本身。

土地作为最基本的生产要素，需要和其他要素结合，才能生产产品或提供服务。因此，土地利用必须遵循一定的经济规律，才能取得较好的经济效益。

（四）土地利用变化的概念

由于土地利用的内涵十分丰富，这在某种程度上丰富着土地利用变化的内涵。目前，不同的研究者对土地利用变化有着不同的理解和见解，现归纳为以下三种。

1．多元说

摆万奇认为，土地利用变化是指土地利用方式和目标的改变。

任志远认为，土地利用变化有三种主要的过程，即土地利用时间变化过程、土地利用质量变化过程和土地利用空间变化过程。

雷国平认为，土地利用变化是指土地利用方式变化、土地利用质量变化、土地利用空间分布变化。

2．二元说

史培军认为，土地利用变化包含两方面的意思，即转变和转换。前者是指土地利用类型向另一种土地利用类型的转变，是土地利用类型外部的变化；后者是指土地利用类型内部发生密度、性质或属性的变化，是土地利用类型内部的变化。

李秀彬认为，土地利用变化包含两方面的意思，包括用途转移和集约度变化，这两者有着本质的区别，因此有必要对土地利用两方面的变化进行区分。

3．一元说

持“一元说”观点的研究者认为，土地利用变化指的是土地利用类型和空间分布变化，而这两者实际上是指同一个对象的两个方面，因此可以将土地利用变化认为是指土地利用类型的变化。

本书认为，土地利用变化是土地利用活动过程的外在表现，是指由于自然环境条件和社会经济条件的变化而引起的土地利用类型和空间分布的变化。

目前，我国土地利用变化的研究主要包括土地生态环境问题、粮食安全问题、土地利用变化和社会经济发展之间关系问题等。了解区域土地利用变化和社会经济发展的关系，可以帮助我们了解土地利用的动态趋势，以采取科学合理的措施调整人类的经济活动，最终使得区域土地利用更加合理，达到提高区域经济发展水平和实现土地可持续利用的目标。

二、土地利用变化研究的背景

20 世纪 80 年代以来，在国际社会科学联合会和国际科学联合会等组织的推动下，土地利用变化研究逐渐走入人们的视野，并成为国际上最为活跃的研究领域之一。

与此同时，人们逐渐发现土地利用与土地覆盖变化和人类的生存与发展息息相关，其不仅影响着区域生态系统的变化，同时对区域社会经济发展有着重要的影响作用。一旦区域土地资源得到充分利用和开发，科学合理地进行规划和管理，将会有力促进区域可持续发展。

土地利用变化研究不仅是维持生态系统平衡和稳定的需要，还是城镇化建设发展的需要和区域生态经济发展的需要。

（一）土地利用与土地覆盖变化

1. 土地利用与土地覆盖变化的来源

近半个世纪以来，社会经济的发展和工业化进程的加快，导致生态破坏和环境污染问题日益严重，各种各样的生态环境问题（如温室效应、水土流失、臭氧层破坏、草场退化等）层出不穷，并严重威胁着人类的生存和发展，逐步成为生态安全问题。而出现上述生态安全问题的根本原因是不合理的土地开发利用活动。

简单来说，随着全球变化研究工作的深入，科学家们逐渐意识到全球环境变化的根本原因是土地利用所引起的土地覆盖变化，因此土地利用与土地覆盖变化研究成为国际性的重点研究课题。

1995 年，国际地圈—生物圈计划（IGBP）和全球环境变化的人文因素计划（IHDP）联合提出“土地利用与土地覆盖变化（LUCC）”科学研究计划，其研究方向包括以下两个方面。

（1）通过实例研究和揭示不同状态下覆被动态的特征和原因。

（2）建立全球或区域土地利用与土地覆盖变化模型，并通过该模型揭示土地利用与土地覆盖和驱动力的关系，同时预测全球或区域土地利用与土地覆盖的未来趋势。

2. LUCC 计划的目标

LUCC 计划的目标在于提高对土地利用与土地覆盖变化的预测能力，其具体目标如下。

（1）认识土地利用与土地覆盖变化驱动力。

（2）确定土地利用与可持续性间的关系。

（3）调查和描述土地利用和土地覆盖动力学中的时空可变性。

（4）认识 LUCC 与气候和生物地球化学之间的相互关系。

3. LUCC 计划的主要模式

LUCC 是自然与人文过程交叉最为密切的问题，其受到自然因素、人文因素和社会因素的综合影响，具有非常复杂的变化机制，主要模式包括以下几种。

（1）以经济学理论为基础，以农业、林业、牧业等与土地利用最为密切的产业为重点，从市场供需和生产者（或消费者）的角度出发，分析土地利用变化机制和土地利用的变化趋势。

（2）在遥感（RS）技术、地理信息系统（GIS）技术的支撑下，建立土地利用空间模型，以更好地分析和预测土地利用变化趋势。

（3）在自然和社会经济各种要素作用下，对土地利用主体的行为进行分析并构建对应的响应模型。例如，CLUE 模型将各种驱动力的变化都转化为现实需求变化，并运用多元回归等方法对这些驱动因素进行量化，进而在不同尺度上分析出土地利用主体的行为机制，有助于实现农业用地的可持续利用。

（4）利用现有的与土地利用变化相关的模型，在土地改良和土地退化的联系上进行深化和补充。

4. LUCC 计划的作用和价值

综上所述，研究 LUCC 计划有利于掌握土地利用变化对生态环境的影响特征、影响机制以及影响过程等方面，进而采取对应的措施或手段维持区域的生态系统平衡，促进区域生态环境和社会经济的协调发展。

因此，区域土地利用变化机制不仅是研究区域生态环境变化的重要基础，也是调控人类行为的科学决策的重要参考依据，具有重要的作用和价值。

（二）城镇化建设的发展和趋势

随着城镇化进程的加快，大量的农业用地和未利用地转化为建设用地，主要是从农业用地转变为工业用地、交通用地和城市用地，这无形之中导致农业用地资源短缺，使得土地资源出现不合理的布局，出现浪费土地资源的问题和现象。在这样的背景之下，研究土地利用变化机制成为现实需求和必然的发展趋势。

首先，随着城市、城镇等非传统农业用地规模的增加和扩大，我国在土地资源利用中不可避免地出现一系列问题，诸如农业用地流失严重、建设用地盲目扩张、生态用地保护欠缺等。出现上述问题的直接原因是土地利用不够科学合理，这不仅使得区域土地资源无法得到充分的利用和配置，同时造成土地资源的浪费。

其次，在城镇化建设过程中，城市周边土地利用往往会发生急剧的变化，无论是土地利用类型还是土地利用空间分布等，均会发生不同程度的改变，且呈现出离散型发展的空间过程，尤其是在省会和沿海的特大城市建设中，其建设用地的扩展开始向郊区的农业用地区域发展，即呈现出土地利用的无序性。

最后，建设用地扩展导致地表热环境效应，对区域的生态环境亦产生着深刻影响，具体表现为自然景观被人为景观代替，地面粗糙度和渗透能力发生改变，这无疑影响和改变着区域生态环境的整体状况。

综上所述，研究土地利用变化机制是城镇化建设发展和研究城镇化趋势的必然要求，是合理规划和配置建设用地的必然选择。同时，遥感技术和地理信息系统的发展，为监测和规划调控建设用地提供了科学的技术参数和技术支撑，使得建设用地规划日益科学严谨，有助于实现建设用地节约集约利用。

三、研究土地利用变化的意义

随着城镇化建设的推进，大量的农用地和未利用地逐渐转化为建设用地，如农田和林地等向城市用地和交通用地转变，导致土地资源日益紧缺。

同时，随着现代科学技术和地理空间分析理论的发展和完善，土地利用观测和定量化研究成为可能。

人地关系是地理学的研究核心，根据人地关系研究重点和聚焦点的不同，地理学产生了不同的理论和学派，如地理环境决定论、文化景观学派等。从中可以看出，人地关系的研究范围不断拓宽，涉及的学科领域亦越来越多。

因此，研究土地利用变化对土地科学管理、土地资源优化配置、合理利用土地资源等可持续发展理念有着指导作用和价值，如图 1–2 所示。

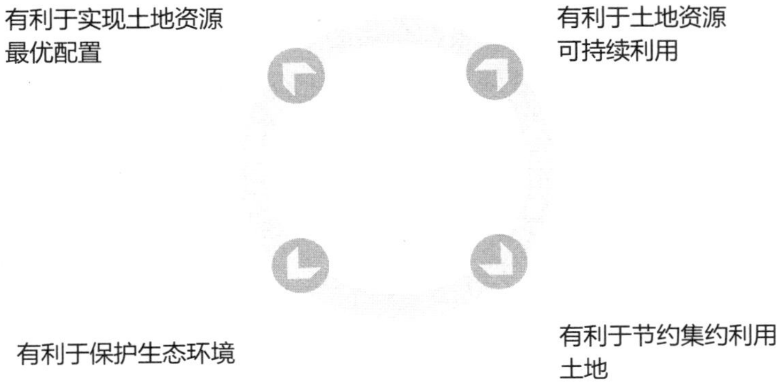
有利于实现土地资源最优配置
有利于土地资源可持续利用
有利于保护生态环境
有利于节约集约利用土地

图 1–2　研究土地利用变化的意义和作用

（一）有利于实现土地资源最优配置

通过各种经济活动，人们会在无形之中影响土地资源，这种影响可以分为直接利用、改造利用和适应三个层次。

人类在对土地资源施加影响时，往往会改变土地利用类型、土地用途等，导致土地资源在空间布局方面发生变化，实际上是对土地资源的配置和规划。要实现土地资源的科学合理配置和规划，就应当因地制宜，了解和掌握土地利用变化机制，进而最大限度地实现土地资源应具备的效益。

研究土地利用变化，可以更为清晰地掌握区域土地利用变化的具体情况，包括土地类型空间变化、土地资源数量变化、土地资源结构变化等，以便于对区域土地做出合理的规划和设计，并及时调整土地规划，使得区域的土地资源得到最大程度的利用。

（二）有利于保护生态环境

土地利用变化和全球生态环境息息相关，随着社会经济的发展，人们难免忽视对生态环境的保护和建设，由于人类的某些行为和活动，导致生态用地面积有所减少，同时建设用地面积增加和农业用地面积减少，包括人类对土地资源不合理的开发利用，会对碳排放、气候、水文、景观等造成影响，上述行为在一定程度上破坏了生态系统的平衡。

土地利用变化、生态环境和人类活动三者之间是如何相互作用的呢？人类只有对这三者之间的作用有了清醒的认知，才能更好地使自己赖以生存的环境朝着有益的方向发展，实现人与自然的和谐相处。

土地利用变化反映着全球环境变化（包括气候、生态系统等变化）的主导因素。因此，人们有必要了解和洞察土地利用变化机制和规律，进而从整体上对区域土地资源进行综合模拟，并在此基础上评价区域生态环境，减少预测的不确定性，最后实现对区域用地的合理规划，并实现区域生态环境的良性发展。

（三）有利于节约集约利用土地

目前，我国依然存在不合理的土地利用现象，如土地空间配置不合理、土地闲置、农业用地违规占用等，这不仅威胁着我国的粮食安全，同时影响农业的可持续发展。

为改善和解决上述问题，我们有必要研究土地利用变化机制，通过对其驱动因素的调整和改善（如政策和制度的调整），进而影响土地利用主体的行为和决策，实现土地节约集约利用，在缓解用地矛盾的同时，保障区域土地的可持续利用和经济的健康可持续发展。

（四）有利于土地资源可持续利用

土地资源不仅具有社会价值和经济价值，同时具有生态价值和生态功能，会对周围环境产生一定效应。为实现可持续利用土地的目标，我们必须正确处理好经济增长和生态保护之间的关系，科学合理地对各类用地结构进行安排和规划，最终实现土地资源的可持续利用。

通过对土地利用变化机制的分析和归纳，我们可以调整和改善对应的驱动因素，进而影响土地利用主体的决策和行为，实现土地资源的优化配置和充分利用，进而实现土地可持续利用的目标。

综上所述，研究土地利用变化机制和土地利用变化系统，有助于实现区域土地资源的可持续利用，对实现经济社会协调发展有重要的作用和价值。

第二节　土地利用变化研究现状、研究方法和相关模型

土地利用变化在全球变化中具有重要的地位和价值。随着人们对土地利用变化重要性认识的逐渐提升，土地利用变化研究有着突破性的进展，取得了一系列成就和成果。

土地利用变化研究的成果主要体现在研究内容、研究方法和土地利用变化相关模型、驱动因素等方面。

一、土地利用变化研究内容现状

近年来，土地利用与土地覆盖变化成为当前的研究热点和重点，国际和国内的学者都对此进行相关研究，研究内容的进展如下。

（一）国外土地利用变化研究内容和流派

1.国外土地利用变化研究内容

国际上有关土地利用与土地覆盖变化的研究，可以大致分为以下几个领域。

（1）土地覆盖变化机制。土地覆盖变化机制是指应用遥感技术、地理信息系统等监测土地覆盖变化的空间和时间变化过程，并将其和驱动因素进行科学结合，最终建立土地覆盖时空变化及预测未来土地覆盖变化的经验模型，以更好地指导和研究区域土地利用变化，制定相关的措施和政策，使得土地资源得到充分利用和合理保护。

（2）区域与全球模型。区域与全球模型是指从宏观角度出发，建立宏观尺度的机制模型，其内容涉及区域社会经济、自然条件约束、人口变化等。

目前，以 IHDP 和 IGBP 的科学技术为先导，国际组织和各个国家的主

要研究机构的主要研究内容集中在以下几个方面。

①土地利用与土地覆盖变化遥感数据库的建立。

②土地利用与土地覆盖变化的驱动机制。

③全球变化的土地覆盖分类系统。

④区域土地利用与土地覆盖变化的过程。

⑤区域与全球尺度的模型建立及尺度转换。

⑥区域土地利用与土地覆盖变化对食品安全、环境以及生态的影响。

在研究方法层面，国际上土地利用变化研究组织采取多种学科的研究方法（如土地经济学、系统动力学、微观行为决策等）并将之融合，为土地利用变化研究向定量化、模型化、预测化方向发展提供科学范式。

2. 国外土地利用变化研究流派

根据研究手段、研究目标以及研究区域的不同，国外土地利用变化研究可以分为以下三个流派。

（1）北美流派。北美流派的主要代表人物是美国克拉克大学教授 Turner 等，该流派主要从宏观的角度出发，定性研究全球规模大尺度上的土地利用变化状况及其与全球环境变化的相互关系，因此又被称为宏观流派或定性流派。

北美流派的研究成果更偏向于宏观方面，多为概念性模型，过于空泛，并不具备较强的实用性。近年来，该流派逐渐转变研究方向，开始向具体化、定量化和区域化的方向发展。

（2）日本流派。和北美流派不同，日本流派更加侧重于定量研究，即通过数学模型与经济学模型，对研究区域的土地利用变化进行分析并开展预测。日本流派的研究成果具有较好的实用性和可操作性，如该流派设计的土地利用变化基本模型——LU/GEC-1。

（3）欧洲流派。欧洲流派的代表人物是 Fischer，该流派主要开展的项目包括 IIASA 计划和 LUCC 计划，认为可以通过研究福利政策和福利分析，模拟引起土地利用变化的社会与经济驱动力，为土地利用变化研究提供参考途径和参考思路。

（二）我国土地利用变化研究内容

国际上有关土地利用变化机制的研究如火如荼，其内容主要集中在以下方面。

1.构建土地时空数据库

数据和资料是研究土地利用变化的基础和前提，为更好地收集、整理和处理区域土地利用的时空变化，我国应用现代科学技术收集相关数据并构建了土地时空数据库，以及时为研究区域土地利用变化提供相关数据支撑。

目前，我国已经完成全国 1 ： 200 万的土地利用卫星影像图和 1 ： 5 万的主要城市土地利用现状卫星影像图，并建立中国资源环境数据库，为我国开展区域土地利用变化研究提供相关参考数据。

2.分析土地利用时空变化特征

随着我国社会经济的发展，土地利用结构发生了显著的变化，为对这些结构变化进行定量分析，我国学者借助遥感技术、地理信息系统技术等，同时应用土地利用变化相关模型，诸如土地利用程度模型、土地利用动态度模型、垦殖指数模型等，对我国近五年来土地利用的时间和空间动态特征进行定量分析，并取得一定的成果，使得土地利用变化的研究更加深入。例如，朱会义等通过应用上述技术和模型，定量分析环渤海地区的土地利用的时空变化，结果发现，在环渤海区域，土地利用发生大幅度的变化，且年变化速度高达 0.8%，为研究环渤海地区土地利用时空变化提供了科学准确的数据。

从选择研究区域来看，珠江三角洲、长江三角洲以及环渤海地区一直是我国学者研究土地利用变化机制的热点区域，而中西部地区的武汉、重庆、成都、西安等地亦颇受学者的青睐。这些区域的经济发展水平相对较高，受到经济和城市发展的影响，土地利用格局变化比较明显，因此更加容易突显出土地利用时空变化的特征。

二、土地利用变化驱动因素研究现状

土地利用变化驱动因素是土地利用变化的动力，两者之间的关系是土地利用变化机制研究的核心。

分析土地利用变化的驱动力，并建立相应的驱动力模型，可以揭示出土地利用变化的内在规律。这一方面的研究成为国际上土地利用变化的最新动向。

（一）国际土地利用变化驱动因素研究现状

目前，国外学者对土地利用变化驱动力的研究主要集中在以下两个方面：一是驱动力的确定和辨识，即从众多土地利用变化影响因素中找到具有支配作用的主要因子；二是驱动力与土地利用变化的关系，即定量描述各个驱动力因素和土地利用变化的因果联系。

国际上对土地利用变化驱动因素的研究集中在区域土地方面，即揭示区域内影响土地利用变化的动力。

Turner 认为，土地利用变化的驱动因素包括人口、经济、技术、政治结构、态度和价值等。

IHDP 的研究报告则认为，驱动因素可以分为两类，即直接因素和间接因素，前者主要包括对土地产品的需求、对土地的投入、城市化程度、土地利用集约程度、土地利用政策、土地资源保护态度以及土地权属等；后者主要包括人口变化、经济增长、技术发展、政治与经济政策、价值取向以及富裕程度等。

（二）我国土地利用变化驱动因素研究现状

我国学者在土地利用变化驱动因素方面做了大量研究，并形成了不同的看法和结论。

史培军认为，土地利用变化的主要原因包括以下几个方面：外界环境的变化（如气温和降水的变化等）；土地利用政策的影响（如地方政府出台的不同土地利用政策）；社会经济的变化，尤其是工业化和城市化发展过程中，农用地转换为城市用地以及土地区位条件的变化；人类价值观的转变。

摆万奇等人从系统论的角度出发，认为土地利用变化的驱动力包括自然驱动力和社会驱动力，两者各自作为独立的子系统，具有不同的组成部分，前者主要包括气候、土壤、水文等因素；后者主要包括人口、技术、价值观念、贫富状况等。

蔡运龙认为，土地利用和土地覆盖变化驱动因子主要包括三个方面，即人类、技术和经济发展状况，研究其驱动机制的关键在于解析不同地区驱动因素之间的相互关系和驱动因素与环境变化之间的关系。

顾朝林通过对不同时段的北京土地利用遥感影像图进行研究，认为土地利用变化的驱动因素为四大生产要素，即资本、土地、劳动力以及技术。

张新长认为，影响区域土地利用的因素主要包括两个方面，即社会系统因素和经济发展动态因素。

不同的学者对土地利用变化驱动因素有着不同的观点和看法，但这些观点实质上大同小异，均认为社会经济发展状况、技术、价值观、人口等会影响区域土地利用变化。例如，章波等学者通过主因子分析方法和相关分析方法，构建城市区域土地利用变化驱动力模型，并对长江三角洲地区的土地利用变化进行研究，得出其主要驱动因素为经济总量的增加、人口的增长和非农化、劳动力的非农化。又如，徐勇等学者通过对北京丰台区土地利用变化状况进行研究（尤其是耕地向非农用地转化），结果发现，土地利用变化的最大动力为土地经济产出效益。再如，朱会义等人通过对环渤海地区耕地流向与农业经济发展、人口变化之间的关系进行研究，结果发现，影响该区域土地利用变化的主要驱动因素如下：一是土地管理政策；二是农业生产结构调整；三是人均居住用地的增长；四是城市扩张规模的程度。

总之，每个区域土地利用变化的实际驱动因素有所差异。在对区域土地利用变化驱动因素进行分析时，我们应当根据区域的实际情况进行灵活判定。

三、土地利用变化研究方法

（一）遥感技术方法

卫星遥感系统技术是研究土地资源变化的重要方法和手段之一，始于 20 世纪 70 年代。

随着卫星遥感技术的发展，高空间分辨率的优势为大范围、高空间精度的土地利用变化的测量与制图、准确追踪研究土地利用变化提供了便利。在土地利用变化研究中，卫星遥感技术主要完成以下两方面的任务。

（1）通过遥感图像对区域土地进行自动分类、识别和判断。由于该方法并不完善，因此需要和社会经济方法、常规的案例研究进行结合，以科学合理地解决土地利用及其变化的分类问题。

（2）土地利用变化的动态监测，包括监测影响区域土地利用变化的各种社会、经济、自然条件的变化等，同时可以监测土地利用本身的变化。

综上所述，研究人员采用卫星遥感技术，可以对同一地区不同时段的土地资源空间分布状况或土地资源的分类加以比较，最终发现区域在不同时段的土地利用差异，这对区域土地资源的监测和统计具有重要的参考和借鉴价值，也可以更好地指导土地利用对策的制定。

（二）地理信息系统方法

地理信息系统是一种特定的空间信息系统，是在计算机软硬件系统支持下，对整个或部分地球表层空间中有关地理分布数据进行采集、管理、运算、分析、描述和显示的技术系统。

地理信息系统具有强大的功能和作用，包括空间叠加分析、图像分析、空间统计分析与制图功能，可以对区域土地资源发展进行规划、对区域土地资源进行绘图和路线规划等，相较于其他信息系统，地理信息系统具有以下优点和特点。

（1）公共的地理定位基础。

（2）可以分析模型驱动，具有极强的空间综合分析和动态预测能力，可以产生高层次的地理信息。

（3）可以采集、管理、分析和输出多种地理空间信息。

（4）是人机交互式的空间决策支持系统，可以做出对应的地理决策。

目前，地理信息系统成为土地利用变化研究的必要手段，对实现区域土地资源合理规划有着重要的促进作用。同时，土地利用变化模型与地理信息系统集成的发展趋势，为研究土地利用变化提供手段和技术支撑。

四、土地利用变化相关模型

在土地利用变化中，由于其演变过程错综复杂，难以厘清，因此有必要建立土地利用变化模型，以简化且抽象地理解和预测区域土地利用格局。

土地利用与土地覆盖变化是社会经济复合系统在时间和空间两个维度的反映，所以当前土地利用变化的研究热点已由对土地利用变化的数量预测转向时空模拟预测，同时预测模型也由单一模型向多模型耦合方向发展。

（一）土地利用变化模型的作用

土地利用变化预测模型可以提高研究者对土地利用变化的解释能力，它具有以下三方面的作用，如图 1-3 所示。

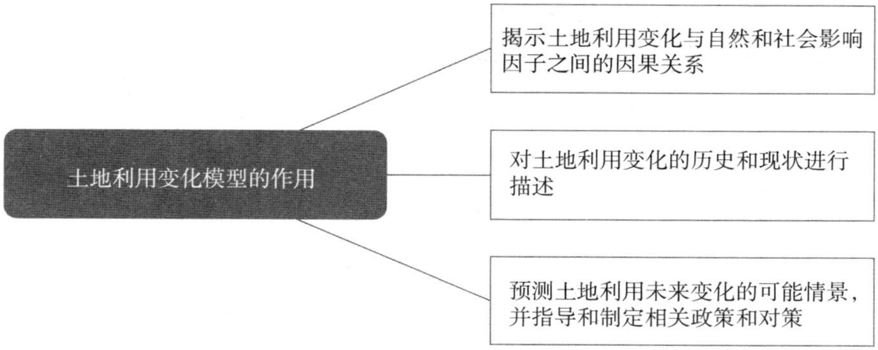

图 1-3 土地利用变化模型的作用

（二）土地利用变化模型的类型

随着对土地利用变化研究的进一步深入，国内学者通过简化和改进，提出很多具有代表性的土地利用变化研究模型，大致可以概括为三种不同类型的土地利用变化模型。

1. 系统诊断模型

该模型是深入了解土地利用变化机制的主要手段，可以分为两类：一类是基于经验的概念化逻辑模型（如土地利用变化驱动力概念诊断模型），这是建立在定量分析基础上的定性分析模型；另一类是统计诊断模型（如土地利用变化机制统计诊断模型），其通过综合方法研究土地利用变化，为土地利用环境影响评价、地理相关性预测、相关政策的制定提供依据。

2. 土地利用动态变化模型

该模型是研究土地利用变化过程、程度以及发展变化趋势的主要手段。土地利用动态变化包括土地资源数量的变化、质量的变化、空间的变化、未来土地资源需求量的变化、土地利用类型组合方式的变化等诸多变化形式，因此需要建立对应的动态变化模型，进而掌握相关土地利用变化机制。土地利用动态变化模型具体包括以下七种模型。

（1）土地资源数量变化模型。

（2）土地资源生态背景质量变化模型。

（3）土地利用程度变化模型。

（4）土地需求量预测模型。

（5）土地利用变化驱动力模型。

（6）土地利用变化区域差异模型。

（7）土地利用空间变化模型。

3. 土地利用变化综合评价模型

该模型是综合评价土地利用变化所产生的环境效应的主要手段，是土地利用变化对环境的效应和影响的评价模型，对研究生态系统内部的物质循环、能量流动过程具有重要的作用和价值。它包括以下两种综合评价模型。

（1）温室效应综合评价模型。

（2）区域特征发展影响评价模型。

（三）常见的土地利用变化模型

常见的土地利用动态变化模型包括：

1. 土地资源数量变化模型（土地利用动态度模型）

土地利用动态度模型主要包括两种，即单一土地利用动态度模型和综合土地利用动态度模型，这两种模型的作用和优势如下。

（1）单一土地利用动态度模型。单一土地利用动态度是指以土地利用类型的面积为基础，重点研究时段内各种土地利用类型面积变化的结果，其模型形式如下：

$$K=\frac{U_b-U_a}{U_a}\times\frac{1}{T}\times 100\%$$

其中，K 表示研究时段内区域某种土地利用类型的变化率。

U_a、U_b 分别表示研究时段开始该土地利用类型的面积和研究时段结束时该土地利用类型的面积。

T 表示研究时段，当其单位为年时则表示该区此类土地利用类型的年变化率。

单一土地利用动态度模型可以直观反映出土地利用类型变化的幅度和速度，也可以通过土地利用类型间的差异比较，进而探测出背后的驱动因素或约束因素。同时，由于各种土地利用类型面积基数不同，单一土地利用动态度较高的类型仅表示变化速度较快的类型，并非区域变化的主要类型。因此，我们在对土地利用类型变化进行评价时还应当考虑变化面积的大小。

（2）综合土地利用动态度模型。综合土地利用动态度着眼于土地变化的过程而非土地变化的结果，综合考虑研究时段内土地利用类型的转移，反映区域土地利用变化的剧烈程度，有助于找到在不同空间中土地利用变化的热点区域，其模型形式如下：

$$LC=\frac{\sum_{i=1}^{n}\Delta LU_{i-j}}{2\sum_{i=1}^{n}LU_i}\times\frac{1}{T}\times 100\%$$

其中，LU_i 表示研究初期 i 类土地利用类型面积。

ΔLU_{i-j} 表示研究时段内 i 类土地利用类型转化为非 i 类土地利用类型面积的绝对值。

T 表示研究时段，当其单位为年时则表示该区此类土地利用类型的年综合变化率。

综合土地利用动态度模型可以刻画出区域土地利用变化程度，便于区域之间土地利用变化的对比、全区与局部之间土地利用变化的对比。同时，我们可以通过综合土地利用动态指数绘制区域土地利用变化图，以分析和描述热点区域，这对区域土地动态变化研究具有重要的作用和价值。

2.土地利用重心变化模型

土地利用重心变化模型的原理如下：将大区域分为若干个小区域，按照居民点的分布和地形特点在大比例尺地图上确定每个小区域的几何中心地理坐标，并将坐标乘以小区域的土地资源面积，然后将这些乘积进行累积除以全区域的土地资源面积，其形式如下。

$$X_t=\sum_{i=1}^{n}(C_{ti}\times X_i)/\sum_{i=1}^{n}C_{ti}$$

$$Y_t=\sum_{i=1}^{n}(C_{ti}\times Y_i)/\sum_{i=1}^{n}C_{ti}$$

其中，X_t 代表 t 时刻某种土地利用类型分布重心的经度坐标。

Y_t 代表 t 时刻某种土地利用类型分布重心的纬度坐标。

C_{ti} 代表第 i 小区域该种土地资源的面积。

X_i 和 Y_i 分别代表第 i 小区域几何中心的经度坐标和纬度坐标。

n 表示研究区域内小区域的数量。

在土地利用重心变化模型中，重心迁移的方向揭示出土地利用动态变化在空间上的分布情况。通常来说，如果重心保持基本不变，则说明土地利用变化面积在空间各个方向之中均匀消长；如果重心发生明显偏移，则说明土地利用在某一方向变化比较明显；重心转移距离则在一定程度上反映着土地利用转化的幅度，即增加或减少的土地利用类型在空间上和原来分布的接近程度，进而反映出土地利用变化驱动因子的动态变化和空间分布。

总之，研究时段内土地利用类型的重心转移，可以揭示区域土地利用的空间分布变化规律。同时，土地利用变化重心转移的方向，可以反映出土地利用变化的方向，为土地利用规划部门提供对应的参考和借鉴。

3. 马尔柯夫链模型

土地利用动态度模型虽然可以反映土地利用类型的变化特征，却无法反映不同土地利用类型之间的转化细节信息。而马尔柯夫链模型（主要借助土地利用转移矩阵）可以反映土地利用变化转移情况。

土地利用转移矩阵可以全面、具体地刻画出区域各用地类型变化的方向、土地利用变化的结构特征，其转移矩阵的数学形式如下。

$$S_{ij}=\begin{bmatrix} s_{11} & s_{12} & \cdots & s_{1n} \\ s_{21} & s_{22} & \cdots & s_{2n} \\ \vdots & \vdots & \ddots & \vdots \\ s_{n1} & s_{n2} & \cdots & s_{nn} \end{bmatrix}$$

$$i=1,2,\cdots,n$$

$$j=1,2,\cdots,n$$

其中，S 表示土地的面积。

n 表示土地利用的类型。

i，j 则表示研究初期和研究末期土地利用类型。

我们通过土地利用转移矩阵可以研究不同时段土地利用类型的转移变化状况，从而有利于了解各种类型土地流失去向、来源、构成等信息。同时，土地利用转移矩阵可以生成对应的转移概率矩阵，并利用马尔柯夫随机过程进而推测特定情况下区域土地利用变化的趋势。

除上述常用的土地利用变化模型之外，还有很多土地利用变化的相关模型，具体如下。

（1）土地利用结构预测模型。

（2）土地利用系统动力学预测模型。

（3）土地利用灰色预测模型。

（4）土地资源生态背景质量模型。

（5）土地利用规划预测模型。

上述土地利用变化研究的相关模型，从不同角度、不同层面、不同视角揭示了土地利用变化的规律或预测土地利用变化的发展，具有重要的作用和价值。

第三节　土地利用变化研究方向

近年来，我国土地利用变化剧烈，土地政策和制度不断修订和完善，这些行为对土地利用主体（包括微观主体和宏观主体）产生了显著的影响。

研究土地利用变化机制，分析区域当前的资源环境条件和社会经济发展背景，并结合土地利用变化效应、土地利用政策和制度、土地利用变化驱动系统等，可以构建具有指导作用的土地利用变化预测模型，进而分析土地用途调整和土地利用方式转变（包括农业用地、建设用地和生态用地）等的影响及其区域差异和空间效应，为引导和优化土地利用主体行为提供相应的参考和决策，最终实现区域土地资源的可持续利用。

一、土地利用变化研究内容

自 LUCC 项目开展以来，国内外学者对土地利用变化的认识有了显著的发展和改变。

对区域而言，研究土地利用变化的规律，利用模型拟合并预测区域土地利用变化趋势，可以实现合理开发和利用土地资源，并促进区域可持续发展。土地利用变化研究内容主要包括以下几个方面。

（一）土地利用变化效应和影响

土地利用变化在发展过程中，会对区域水文、景观、气候、碳排放等产生一定的效应和影响，而这在某种程度上影响着区域土地利用和开发。

因此，有必要了解土地利用变化所产生的效应和影响，以更好地规划区域土地的开发和利用，在保护生态环境的基础之上，更好地实现土地资源的可持续利用和开发。

首先，土地利用变化对区域气候产生着重要影响。周启星等人对浙江省绍兴县某镇的土地利用变化导致的生态效应进行定量分析，结果发现，土地利用变化导致小镇发展过程中出现局部气候恶化等情况，具体表现为年均气温上升、年均相对湿度下降。因此，有必要对土地利用变化对气候变化的影响途径、影响方式等进行探索，以最大程度避免或降低上述影响的出现，在实现区域土地可持续利用的同时，保护好区域的生态环境和生态系统。

其次，土地利用变化对区域水文产生着重要影响。土地利用类型、方式、用途、空间格局等的改变，不可避免会对区域中的水文资源产生影响，如影响地表水和地下水的数量和质量、影响区域水文循环的过程等。因此，有必要研究土地利用变化对水文的效应和影响，探索土地利用变化影响水文的方式、途径、形式等，以更好地指导区域土地利用可持续发展，实现区域水文循环的可持续发展。

再次，土地利用变化对区域碳排放产生着重要影响。土地利用变化会对区域碳排放产生重要影响，如影响二氧化碳的排放和吸收。因此，有必要研究土地利用变化对碳排放的影响和过程（包括影响方式、影响途径等），以尽量减少二氧化碳的排放量，降低温室效应的发生，最终维持区域生态系统的平衡，实现区域可持续发展。

最后，土地利用变化对区域景观格局产生着重要影响。随着对土地利用变化认知的不断加深，人们逐渐发现土地利用变化在一定程度上影响着区域景观格局的改变。杨国清等人对 20 世纪 90 年代广州地区土地利用格局的变化特征进行研究，结果发现土地利用斑块数目增加、斑块形状分维数和指数下降以及景观多样性指数和破碎度上升，降低了区域景观格局的稳定性和生态效应。因此，有必要研究土地利用变化对区域景观格局的影响和效应，探索影响景观格局的途径、方式等，以更好地建设区域景观格局，维护区域生态系统的平衡和稳定。

（二）土地利用变化驱动因素及其系统

影响土地利用变化的因素有很多，包括自然因素、社会经济因素、人为因素等。

首先，土地利用系统和土地利用变化系统各自包含着很多要素和子系统，这些子系统并非独立运行，可谓是“牵一发而动全身”，会对整个系统的顺利运行产生重要的影响和作用。因此，只有了解了这些系统的驱动因素，才能更好地掌握土地利用变化机制。

其次，要想使土地利用变化朝着自身需求预测的方向发展，获得最佳的经济效益、社会效益和环境效益，就应当掌握必要的理论知识，包括人地关系理论、经济学理论、土壤学理论、地理学理论等，以便于为土地利用变化机制提供必要的理论支撑。

综上所述，只有掌握土地利用变化的规律和相关理论等，才能精准找到影响区域土地利用变化的关键因素，并针对这些因素制定相应的措施和策略，进而对区域土地利用进行合理开发和保护，实现区域土地资源可持续利用和开发的目标。

（三）土地利用主体认知及其行为响应机制

在区域土地之中，主要存在农业用地、建设用地和生态用地三种类型，这些土地资源的使用主体并不相同，主体的认知及其行为响应机制自然有所差异。例如，农业用地的使用主体是农户，其受到土地政策和制度的影响相对较大，自然环境条件会对农业用地的类型产生较大程度的影响；而建设用地的使用主体是企业或政府，受到土地政策和制度及社会经济条件的制约，自然环境条件对其影响较小。

因此，有必要研究土地利用主体认知及其行为响应机制，以更好地指导区域土地利用规划，提出合理的建议，最终实现区域可持续发展。

（四）土地利用相关政策和制度

土地政策和制度为土地利用提供法律支撑，因此有必要分析土地利用政策和制度对土地利用变化的作用方向、影响程度以及差异性等，这样才能制定更加科学合理的土地利用政策和制度，具体可从以下几个方面着手。

1.分析土地利用变化相关背景

首先，分析不同资源环境条件、社会经济发展背景以及个体特征，有利于研究土地主体对土地政策的认知、影响因素及其行为响应机理。

其次，探讨土地利用主体在土地政策和制度驱动下的行为变化、对区域土地利用变化的理解、土地政策需求与反馈途径等。

总之，对上述背景的分析，有助于政府及时调整相关政策，改变土地利用主体意愿、劳动力配置、资本投入、技术选择等，最终促进区域土地资源的可持续利用。

2. 构建土地利用主体决策模型

构建土地利用主体的决策模型，有利于改善区域土地利用类型和用途。

通过比较静态分析，建立土地政策和制度、土地利用主体行为响应、土地利用变化三者之间的关系模型，可以为分析区域土地利用变化提供决策支持和技术支持，以制定有利于区域土地资源可持续利用、管理的土地政策和制度及可持续利用机制，促进土地资源优化配置和区域可持续发展。

二、土地利用变化研究思路

区域土地利用变化的研究思路如下：遵循压力—状态—响应的分析框架，以区域土地利用行为作为分析对象，研究特定经济发展背景和资源环境条件下相应的土地利用变化响应差异及可能的反馈机制，提出土地政策与制度改进以及区域土地资源可持续利用策略。

（一）压力—状态—响应（PSR）模型

1. PSR 模型的概念

PSR 模型是经合组织和联合国环境规划署提出的模型，是用来研究治理环境问题的分析框架。

PSR 模型反映了人类活动和自然环境之间的互动，其提出的压力—状态—响应分析框架有助于人类通过环境政策和经济政策等保护生态环境，实现经济社会生态的可持续发展。

其中，“压力”指标用来探讨经济活动和社会结构对环境造成的压力，如物质消费、资源索取以及各种破坏环境的行为等，包括直接压力指标和间接压力指标两类。

“状态”指标用来呈现环境恶化或改善的程度，包括自然环境和生态系统现状、人类的健康状况和生活状况等，反映着特定“压力”下环境要素和环境结构变化的结果。

“响应”指标反映着制度响应环境生态现状、人类为保护环境采取的措施等，包括技术变革、管理创新和产业结构调整等措施。

2. 土地利用变化 PSR 分析

根据 PSR 模型的分析框架，我们可以将其用于分析土地利用变化，以更好地理解土地利用变化的原因和机制，阐述区域土地利用状态，进而对土地利用变化行为产生积极的响应。

首先，将土地利用、政策调整和经济发展作为系统进行考察，采用“压力—状态—响应”的框架进行分析，有助于理解人口、经济、政策和土地利用变化之间的关系和内在逻辑。

其次，将土地利用变化的自然因素（气候、水文和土壤等）和人文因素（人口、经济和政策）作为分析框架中的“P”；将区域土地利用数量、结构和分布状态等作为分析框架中“S”；将为促进区域土地资源可持续利用所采取的措施和对策等作为“R”，并进行相应的框架分析。

最后，获得反映土地利用与社会经济发展、国家宏观调控、管理决策之间相互制约和相互依存的关系模型，并根据此关系模型对相关措施进行调整，以期对土地利用变化做出积极的响应。

（二）土地利用变化研究框架

为更好地研究区域土地利用变化，我们可以采取以下框架进行研究，如图 1-4 所示。

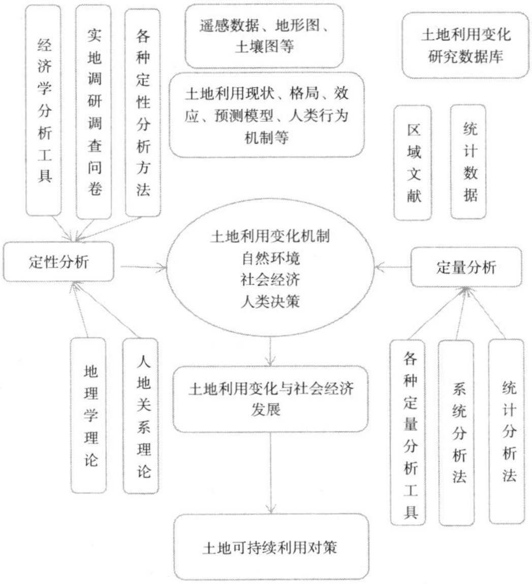

图 1-4 土地利用变化研究框架

三、土地利用变化研究方法

在研究土地利用变化机制时，我们需要借助某些定量分析和定性分析方法或工具获得相关数据，并作出判断，常用的方法包括以下几种。

（一）调查问卷和实地调研

1. 调查问卷

调查问卷是以问题的形式系统地记载调查内容的一种方式。它具有资料完整性高、可以控制空间环境、富有弹性、回卷率高等诸多优点，可以帮助调研者较为准确地了解真实情况。调研者在设计调查问卷时需要遵守以下原则。

（1）设计主题应当清晰明确。

（2）设计结构应当科学合理、具有较强的逻辑性。

（3）设计问题应当通俗易懂。

（4）设计问卷长度和时间应当适当，便于整理和统计。

2. 实地调研

实地调研是调查研究的一种重要方法。调研者实地收集的第一手材料具有真实可靠性和较高的可信度。实地调研应当遵循以下原则。

（1）客观性原则，即不能片面听取单方面的意见和建议，应当全面且客观听取多方的意见和建议，并全方面、多角度地收集相关数据，以做出客观的评价。

（2）重要性原则，即针对重要的问题和想要调研的数据，有选择地获取相关信息。

（3）科学性原则，即对异常问题应当反复甄别，对没有确切依据的数据要进行保守计算。

通过调查问卷或实地调研等方法，调研者可以获得土地利用主体土地利用数据和社会经济活动数据，并将统计数据进行进一步分析和管理，以分析出土地政策或制度对土地利用变化的影响。

同时，调研者可以通过查阅文献或遥感技术等方法，对区域自然环境条件进行分析并获取相关数据，掌握土地利用类型的空间变化，进而分析出区域自然环境条件对土地利用变化的影响。

（二）系统分析方法

系统分析方法是指将要解决的问题作为一个系统，并对系统要素进行综合分析，通过明确问题的本质、起因和项目目标等，以找出解决问题的可行方案。

系统分析方法的工具和模型有很多，包括安索夫矩阵、波士顿矩阵、利益相关者分析、四链模型、战略群模型等。系统分析方法的具体步骤如图1-5所示。

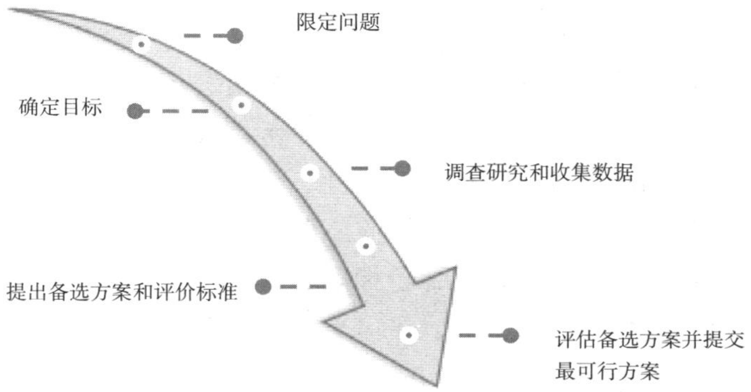

图 1-5　系统分析方法的具体步骤

1. 限定问题

所谓限定问题，就是明确问题的本质或特性，包括明确问题存在的范围和影响程度、问题的症结和原因、问题产生的时间和环境等信息。

限定问题是系统分析方法中的关键一步，限定问题时应避免先入为主，注意区别现象和问题，并判别局部问题和整体问题。

2. 确定目标

系统分析方法的目标应当根据客户的要求和需要解决的问题进行确定，它是系统分析方法的核心和基础。

在确定目标时，尽可能通过指标对目标加以表示，以方便对目标进行定量分析。如果目标不能进行定量描述，则应该尽量用文字说明，以便于进行定性分析和评价。

3. 调查研究和收集数据

调查研究和收集数据是系统分析方法不可避免的重要步骤，收集和调查围绕问题的相关数据可以验证限定问题阶段形成的假设，同时对产生问题的根本原因进行探讨，以做出解决问题的备选方案。

4.提出备选方案和评价标准

通过深入调查研究，使真正有待解决的问题得以确定，产生问题的原因得以明确，此时就可以有针对性地提出解决问题的备选方案和评价标准。

需要注意的是，为了使备选方案达到解决问题的目标，应当提出至少两种备选方案和对应的评价标准及约束条件，以便于对备选方案进行评估。

5.评估备选方案并提交最可行方案

根据上述评价标准或约束条件，对备选方案进行综合评估。在评估过程中，不仅需要考虑社会经济因素，而且需要考虑技术因素、人文因素等。同时，需要确保评估小组的代表性和公正性，除了项目组的成员外，应当邀请其他主体进行评价，以确保评估结果的公正性和科学性。

另外，最可行的方案是指在评价标准和约束条件之内，最现实可行的解决方案，并不一定是最佳的方案，在提交时需要注意区分。

（三）比较分析方法

简单来说，比较分析方法就是将客观事物加以比较，以认识事物的规律和本质，并做出正确的评价。

在应用比较分析法进行分析和比较时，应当遵守以下标准。

1.时间标准

在运用比较分析方法时，应当选择不同时间的指标数值作为对比标准，以更好地展示和说明研究对象的变化。例如，可以将研究对象的指标数值和前一时期（通常为上年同期）或历史最好水平时期进行比较。

2.计划标准

计划标准是指计划数、目标数对比、定数额。将研究对象的指标数据与计划标准进行对比，可以从中发现研究对象规模的大小、速度的快慢、水平的高低等问题，可以促进研究对象不断改良和完善。

3.经验标准或理论标准

经验标准是指对大量历史资料进行归纳总结而得到的标准，理论标准是指对已知理论进行推理而得到的依据，两者为研究对象的指标数据提供了参考依据和理论支撑。

4. 空间标准

在运用比较分析方法时，应当选择不同空间的指标数据进行比较，以科学合理地说明研究对象的变化。

（四）统计分析方法

统计分析方法是指，通过分析研究对象的规模、程度、范围、速度等数量关系，认识和揭示研究对象之间的相互关系、变化规律以及发展趋势，进而正确解释和预测研究对象的发展动向。根据研究问题的性质和算法的不同，统计分析方法可以分为以下几类。

1. 主成分分析方法

主成分分析方法是统计分析中常用的方法之一，其基本原理和思路如下：在保证原始信息数据丢失最小的原则下，对原始数据进行降维处理，进而实现用少数综合变量代替原始多维变量，最终减少变量的数量。

在土地利用变化的驱动力系统之中，包括诸多的社会和自然驱动因子，为全面考虑各种驱动因子的影响，必然会有众多的变量和指标，而且这些变量和指标之间并非独立存在的，而是有着复杂的关系。

在上述情形之下，为消除因子之间的重叠信息，形成更加清晰的逻辑关系，主成分分析方法成为必然选择和最佳方案。

2. 回归分析方法

回归分析方法是从事物变化的因果关系出发进行分析预测的方法，即通过数学计算，确定变量之间相互依存的数量关系，建立数学模型，最终推算变量的未来数值，其具体步骤如下。

（1）借助定性分析方法，确定和事物相关的因素。

（2）收集上述相关因素的统计资料。

（3）应用最小二乘法等，求得各个因素之间的相关系数和回归方程。

（4）根据上述回归方程进行预测，并分析预测结果的可靠性。

3. 典型相关分析方法

典型相关分析方法的基本原理和思路如下：分别在两组随机变量中选择若干具有代表性的综合指标（典型变量），并对这两组典型变量之间的关系进行研究，代替原来对两组维数很多的随机变量之间的相关关系研究。

典型相关分析方法在对土地利用变化驱动力进行定量判别时，具有重要的作用和价值，尤其是用来研究土地利用与土地覆盖变化特征同自然和人文因素之间的关系，其过程如下。

（1）选定两组土地利用变化随机变量，即 $Y=(y_1, y_2, \cdots, y_m)$ 和 $X=(x_1, x_2, \cdots, x_m)$，前者表示由 m 种土地利用类型的面积或比例组成的随机变量；后者则表示由 n 个驱动因子组成的随机变量。

（2）分别从 Y 和 X 变量组中提取出一个典型变量，并记为 U 和 V。此时，U 为 Y 随机向量各要素的线性组合，V 为 X 随机向量各要素的线性组合。

（3）找到这种线性组合满足 U 和 V 的最大相关系数

（4）重复上述过程，直至两组变量间的相关系数被提取完毕。

第四节　土地利用变化的相关理论

要想更加透彻地了解和掌握土地利用变化系统及其机制，就需要对土地利用变化理论有所掌握。

本节重点介绍主要的土地利用变化理论，包括土壤学理论、地理学理论、人地关系理论、景观生态学理论以及经济学理论等，如图 1-6 所示。

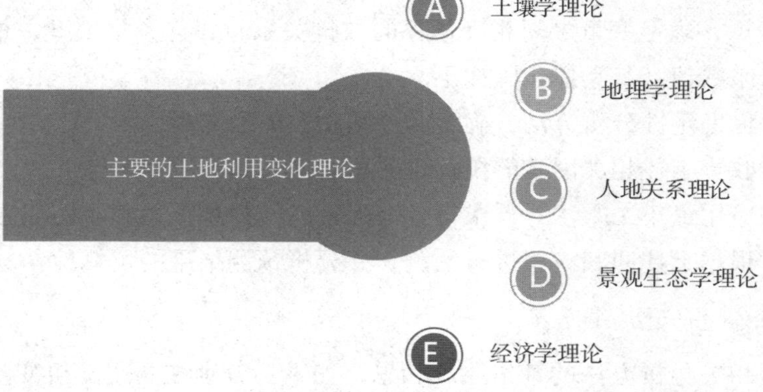

图 1-6　主要的土地利用变化理论

一、土地利用变化的土壤学理论

分析引起土壤性质变化的原因和时间，并掌握土壤的空间特点和土壤性质变化的尺度特征等，可以更好地了解土地利用变化机制。

（一）土壤的作用

土壤是在地球表面生物、气候、地形、母质、时间等因素综合作用下形成的，具有独特的疏松多孔结构，其作用主要体现在以下方面。

（1）土壤是一个动态的生态系统，为植物生长提供必要的机械支撑和营养物质（包括水分、养分和空气等）。

（2）为微生物群体活动提供场所和环境，帮助其完成生命物质的循环。

（3）通过供给粮食、水源、纤维、建筑材料、废物处理用地等，以维持人类的生存和发展，并提供废弃物的循环场所和途径。

（二）土壤学的研究内容

土壤学以地球陆地表面可以生产绿色植物的疏松层为研究对象，主要探讨其中的物质运动规律及其与环境之间的关系，其研究内容如下。

（1）土壤的组成。

（2）土壤的物理、生物和化学特性。

（3）土壤的发生和演变。

（4）土壤的分布和分类。

（5）土壤的肥力特征。

（6）土壤的开发利用、改良和保护。

土壤对人类和整个生态系统具有重要的作用和价值，在整个生态系统中占有举足轻重的地位。因此，研究土地利用变化机制需要具备一定的土壤学理论知识，以便于指导土地资源的可持续利用。

（三）土地利用变化与土壤学

土壤是一个永恒变化的动态系统，在研究区域土地利用变化、区域土地利用变化驱动力时，仅仅研究某一时期、某一地区土壤的综合特性（包括物理、化学和生物特征等）是远远不够的，应当注重对土壤变化过程的研究，这是研究区域土地利用变化的基础和前提。

掌握土壤学的基础理论和研究思想，可以为合理利用土壤资源、防止土壤退化、消除土壤低产因素、提高土壤肥力水平等提供科学方法和理论依据，同时为最大程度发挥土地的生产潜力，实现土地资源可持续利用提供理论支撑和管理手段。

二、土地利用变化的地理学理论

自然地理环境是由气候、地貌、土壤、水文以及生物等诸多要素组成的自然综合体，每种要素在地球表面的分布呈现出一定的规律，因此自然地理环境必然会表现出规律性的分布特点。

在地理学中，土地资源整体在空间分布方面呈现显著的区域特性，将自然地理环境这种按照位置条件的不同进而分化成不同类型的现象称作地域分异，而反映地域分异的客观规律，则称为地域分异规律。

地域分异规律是自然地理学重要的基本理论之一，它为认识和掌握地表自然地理环境特征提供了理论基础。同时，地域分异理论是进行自然区划的基础，对合理利用自然资源、因地制宜对土地资源进行布局有着重要的指导作用。

三、土地利用变化的人地关系理论

（一）人地关系理论的含义

人地关系理论是指各种人文现象与自然环境的关系在人们头脑中的反映，即人们对自然环境在文化经济发展中作用的看法。人地关系理论对人类利用和改造自然环境的方式和强度有着重要的影响和作用，是人类文化系统的重要要素。

在地理学理论中，人地关系中的“人”是指社会性的人，即在一定地域内和一定生产方式之下从事各种生产活动或社会活动的人；人地关系中的“地”是指和人类活动有密切关系的、有机和无机要素有规律结合的地球环境，同时包括社会环境、经济环境和文化环境。

在人地关系中，人和地球环境是有机的统一整体，不可分割。人类虽然不能从根本上改变地球环境，但人类活动对地球环境的影响是巨大的，人类如果不按照自然界的客观规律发展，破坏地球环境的自我更新能力和自我调节能力，将会受到自然界的惩罚。

因此，人类只有合理利用、开发土地，遵守自然界的客观规律，才能充分发挥土地的各种功能，实现人地关系协调发展。

（二）土地利用变化与人地关系理论

土地利用系统的本质特征是“人的参与”，因此人地关系是土地利用系统中核心的主客体关系。

人地关系理论强调两者之间的协调发展，实际上就是强调土地利用系统的协调发展，其相关理论和方法对土地利用系统中的人口子系统、经济土地子系统等各类土地子系统具有指导作用和价值，直接指导着土地利用复合系统的发展演化，并促进了区域土地可持续利用。

四、土地利用变化的景观生态学理论

（一）景观生态学的概念

1939 年，德国生物地理学家特罗尔在用航空相片研究东非土地利用问题时，提出“景观生态学”一词，用其表示区域单位的自然—生物综合体的相互关系。

国际景观生态学会对景观生态学的定义如下：景观生态学是对于不同尺度上的景观空间变化的研究，包括对景观异质性，生物、地理及社会原因的分析，其核心主题包括以下几种，如图 1–7 所示。

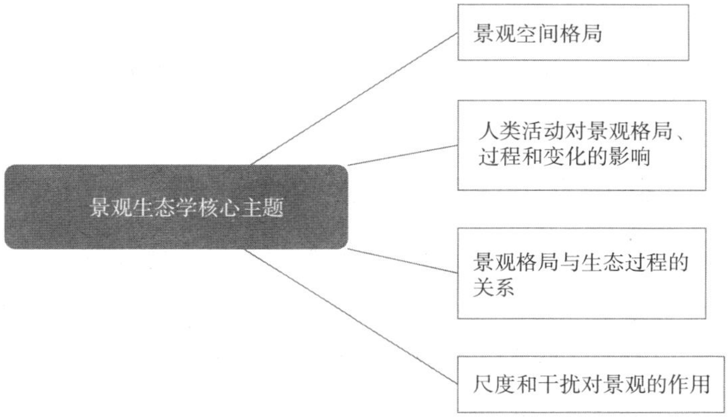

图 1–7　景观生态学核心主题

景观生态学是一门综合性的交叉和横断学科，以生态学的理论框架为依托，并结合现代地理学和系统科学，主要研究景观和区域尺度的资源、环境经营和管理问题，以中尺度的景观结构和生态过程关系见长，具有综合整体性和宏观区域性特色。

20 世纪 80 年代后期，现代生态科学和地理科学的发展以及其他学科领域的知识积累，加上人们越来越重视大尺度的生态问题，这些因素助推着景观生态学的发展，主要体现在以下方面。

（1）当代大尺度生态环境与可持续发展问题日益严重，要求阐明时空尺度更大的、影响人类活动的各种机制和过程，这为景观生态学的发展提供了巨大的推动力。

（2）现代生态学、地理学、信息论以及系统论等相关学科的发展，为景观生态学提供了理论基础。

（3）计算机技术、现代遥感技术、数学模型技术等为景观生态学的发展提供了技术支持。

综上所述，上述技术手段、科学理论、现实需求等助推景观生态学的发展，使得其成为分析、理解和把握大尺度生态问题的新范式。经过半个多世纪的发展，景观生态学的研究内容逐渐丰富和充实，最终成为现代生态学的年轻分支。

（二）土地利用变化与景观生态学理论

研究景观与其组成要素间的相互作用，生物地理群落各组成成分之间的能量交换和物质循环，景观和人类活动的相互作用关系等，有助于实现区域景观和人的和谐，实现区域生态系统的平衡和稳定，最终实现区域土地可持续利用。

五、土地利用变化的经济学理论

土地利用变化受到土地利用者微观决策的影响，而土地利用者则会根据土地收益的差别对土地利用类型和用途做出不同的决策。因此，要想更加透彻地了解土地利用变化机制，就有必要掌握土地利用变化的经济学理论。

新古典经济学认为，土地用途的转移实际上是土地经营者追求效用最大化的结果，遵循最优利用原则。

（一）边际报酬递减理论

土地报酬递减规律是客观存在的，它是指在技术不变的前提下，如果其他要素的投入量不变，仅是不断增加某一要素的投入，到达一定程度后，这种生产要素的边际实物产量必然会出现递减，而出现这一结果的主要原因是生产要素的组合变动引起的。

1.理解边际报酬递减理论应注意的几点

边际报酬递减理论揭示生产过程中的规律和要求，即在技术不变的条件下，应当对各种生产要素保持合理的比例，以充分发挥各种生产要素的效率，最终获得最佳的经济效益。理解这一理论应当注意以下几点。

（1）边际报酬递减规律的前提是保持技术条件不变，一旦技术进步，其递减现象固然不会消失，但会使得边际报酬递减规律发生延缓。

（2）边际报酬递减规律以其他生产要素固定不变、一种生产要素数量改变为前提，进而分析该种生产要素引起的边际产量情况，一旦多种生产要素同时发生变动，该规律可能不再适用。

（3）随着可变要素的逐步增加，其边际产量会经历递增、递减甚至负数的过程，因此需要注意可变要素的适当增加。

2.边际报酬递减理论与土地利用变化

在土地利用变化中，土地经营者或使用者需要在一定的技术和经济条件下寻找对土地投入的适合度，确定合理的生产要素组合，以提高土地利用的效率，最大限度地发挥土地资源的生产潜力。

如果无法对土地利用类型进行转换，土地经营者或使用者可以寻求新的生产要素组合以消除报酬递减，进而推动技术进步，实现较为合适的投入力度。例如，如果某区域中劳动力稀缺，其劳动力价格就会相对昂贵，进而引起机器代替劳动力，使得生产要素组合发生改变，在一定程度上提高土地的经济效益。又如，如果区域中土地资源稀缺，为克服边际报酬递减，人们会改善化肥、农药和劳动力的组合，以此获取更多的剩余产品或利润。

总之，边际报酬递减理论为土地利用变化提供了理论依据和理论支撑，有助于人们最大限度地利用土地资源，发挥出土地资源的最大潜力，获得土地资源的最佳经济效益。

（二）地租理论

传统地租理论将地租定义为使用土地的代价，是土地作为生产要素之一投入生产过程所得到的报酬。

在完全竞争的假设条件下，获得土地租用权的是出价最高的土地使用者，而为支付对应的地租并获取较高的经济收益，其租用者必然会对土地做出一定的改变和安排（如安排土地收益更好的用途或实现生产要素最佳投入组合等）。

如果土地竞租者之间没有差别，则可以将竞标过程理解为租用者对土地用途之间的竞争，胜负的关键在于土地用途在该土地上所能产生的地租。

无论哪种竞争模式，都要求土地资源用途适应当前的实际情况，可以获得较高的经济收益，即土地使用者租用不同的土地将其用作不同用途时，可以获得较高的收益。

因此，为获得最佳的土地经济效益，土地利用主体有必要将地租成本考虑在内，根据最优利用原则，在维持均衡状态和遵循土地利用变化规律的前提下，实现土地利用类型的转化。例如，对那些具有良好区位的土地，其具有良好的灌溉条件和区位优势，土地租用者可以逐步向收益更好的菜地转化，以获取较高的利益，提高土地利用的经济效益，实现区域土地可持续健康发展。

（三）土地产权理论

1.土地产权的概念和特点

土地产权是指存在于土地之中的排他性完全权利，是有关土地财产的一切权利的总和。它包括一系列的权利，如土地所有权、土地继承权、土地使用权、土地抵押权、土地租赁权等。

简单来说，土地产权是指权利人在其权利存在的土地上，为实现利用土地的目标，分别依法行使自身权利时对土地的用益、管理、流转权，即人们在占有、支配和利用土地的过程中所结成的土地权利关系。土地产权在调整土地法律关系方面具有极其重要的作用。

2.土地利用变化与土地产权理论

现代产权理论认为，产权的功能在于引导人们在产权交易中尽可能地将外在成本内在化。清晰的土地产权有利于减少产权主体之间的交易摩擦，保障真正平等的法人地位及平等的交易，有助于降低交易成本。

依据土地产权理论，人们可以明确界定土地产权关系，促使土地产权主体独立化和真实化，进而形成各个利益主体之间在经济利益和法律方面的内在约束机制，促使土地利用主体自发追求最佳效率，主动增加土地利用的投入，并按照要素优化的客观要求，积极主动地采取先进技术，最终提高土地产量、土地利用集约程度，促进土地利用类型转化等。

第五节　区域土地利用的背景与研究内容

土地利用状况是人类根据土地自然特性和社会需要，对土地进行培育和改造的结果，实质上是在土地利用过程中当前的稳定状态。

不同区域有不同的土地类型组合结构，反映着不同区域的土地自然特点、土地利用技术水准以及社会经济发展水平，因此不同区域具有一定的差异性。了解区域土地利用的状况，可以帮助人们正确认识本地区土地利用的具体影响因素和限制，并揭示出土地利用结构形成的机制。

一、区域土地利用的背景

我们在进行区域土地利用现状分析时，首先要掌握和了解区域土地利用的背景，包括自然环境背景和社会经济背景，以发挥出区域土地的自然特点和社会效益。

（一）区域土地利用的自然环境背景

对任何区域来说，要想搞清楚土地利用现状，就有必要掌握区域土地利用的自然环境背景。

自然环境是土地利用的基础和前提，其影响着土地利用的方向和布局。区域自然环境条件不同，土地利用方式和特点自然有所差异。一般而言，影响区域土地利用的自然环境背景因素包括气候、土壤、地貌、水文、矿产资源和植被等，如图 1-8 所示。

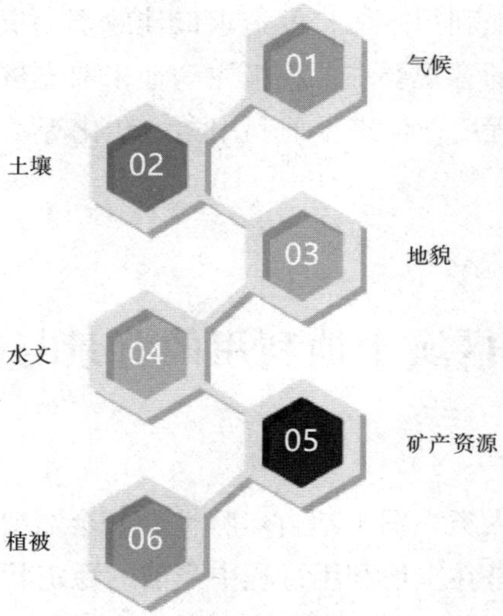

图 1-8　影响土地利用的自然环境背景因素

1. 气候

气候是常见的影响区域土地利用方式的因素之一，不同的气候会导致光、热、水的时空分配不同，进而影响土地利用的特点。例如，在亚热带向暖温带过渡的气候带，其属于大陆性季风气候，具有四季分明、热量丰富、光能充足、降水充沛的特点，这些区域可以种植喜好光照的农作物，提高农用地的比例，以充分发挥土地利用的优势和特点。

因此，在研究区域土地利用的自然环境背景时，需要掌握该区域的气候现状，对其所属的气候特点有所了解，以更好地利用区域土地资源。

2. 土壤

在不同的区域，由于土壤质地的差异，其作用和优势亦呈现出不同的特点：砂质土含沙量较高，其颗粒比较粗糙，渗水速度快，具有较差的保水性能和较好的通气性能；壤土的含沙量、颗粒适中，渗水速度、保水性能以及通风性能都比较适中；黏质土的含沙量较低，其颗粒比较细腻，渗水速度慢，具有较好的保水性能和较差的通气性能。

根据类型的不同，土壤可以分为红壤、褐土、黑土、棕壤、栗钙土、漠土等。根据所在环境的不同，土壤可以分为水稻土、灌淤土、沼泽土、盐碱土、高山土等。

同时，土壤的分布规律不同，对土地利用方式也会产生一定的影响。例如，在水稻土比较多的区域，应当首先考虑将农用土地在此集中布局，避免建设用地占用。

因此，在研究区域土地利用的自然环境背景时，我们需要掌握该区域的土壤类型和土壤分布规律，以更好地利用区域土地。

3. 地貌

区域性地貌直接影响着土壤水分和成土母质的运行，对土壤中物质的再风化和能量的转化有着一定的作用，其推动着土壤中的水分、热量和空气的运行，制约着土壤肥力的变化，对土地的农业利用有着至关重要的影响和价值。

同时，地貌条件影响着非农建设用地的地质条件，进而制约着土地的非农利用。例如，在流水地貌和红层地貌中，其地质比较疏松不适宜建设城镇。

因此，在研究区域土地利用现状时，我们有必要了解所在区域的地貌情况和类型，并根据地貌条件做出合理判断和采用合理的土地利用方式。

4. 水文

从水资源的种类来看，其可以分为地表水、地下水两种类型，这些水资源对土地利用方式有着重要的影响作用。

在区域之中，这些水资源的分布并不均衡，某些地区的地表水可能比较丰富，而某些地区可能地下水流量较大，因此需要针对区域的水文分布情况，对土地利用和开发方式进行调整和改善，以充分发挥水文对土地利用的优势。

5. 矿产资源

不同区域的地质构造复杂，具备的矿产资源各不相同，包括金属矿藏（如铜、铁、钨、金、银、钴等）和非金属矿藏（如煤、石灰石、凝灰岩、硅灰岩等），这些矿产资源大多埋藏在地下。

我们在对土地进行开发和利用时，应当了解区域内矿产资源的分布情况和储存情况，以避免在矿区种植农作物或林木。

6. 植被

受到地理位置和气候条件的影响，不同区域的植被类型各不相同。例如，某些区域的原生植被为常绿阔叶林，则在种植时应当首先考虑桃树、杏树、梨树、李树等常绿阔叶林树种，使土地获得最佳利用。

因此，有必要了解所在区域的植被情况，包括所在区域的植物的科、属、种情况等。

（二）区域土地利用的社会经济背景

自然环境为区域土地的开发和利用提供了客观可能性，而社会经济条件则主导和影响着土地利用的方式和类型。

在社会经济背景中，影响土地利用现状的因素包括人口和城镇化水平、基础设施建设、经济发展水平和产业结构等，如图 1–9 所示。

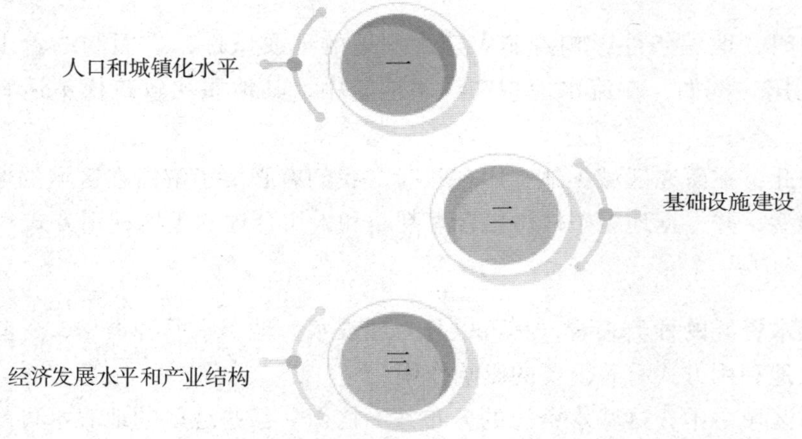

图 1–9　影响土地利用的社会经济背景因素

1. 人口和城镇化水平

不同区域的人口和城镇化水平有所差异，这在一定程度上影响着区域土地利用的方式和类型。一般而言，平均人口密度越高和城镇化水平越高的区域，其土地人口负荷越重，在进行土地利用时，则需要考虑农用地和建设用地两者之间的平衡。

从 20 世纪 80 年代开始，我国人口自然增长率保持上升的趋势，而到 20 世纪 90 年代末期则呈现出下降的趋势。同时，城镇化正处于快速发展的时期，城镇化水平正在快速提高，这要求地方政府平衡建设用地和非建设用地两者之间的比例，以适应本地的城镇化水平。

因此，区域政府有必要了解和掌握本地的人口密度和城镇化水平，以更好地利用区域内的土地。

2. 基础设施建设

基础设施建设是影响土地利用方式和类型的不可或缺的因素。我们在对土地进行利用和开发时，必须考虑基础设施建设情况，以使土地资源获得最大程度的利用和开发。

每个区域的土地面积和对交通运输的需求不同，导致对土地利用方式的不同。例如，某些区域地处重要的地理位置，需要对各个区域进行有效运输，因此需要加强基础设施建设，尤其是公路和铁路的建设。

3. 经济发展水平和产业结构

经济发展水平和产业结构是影响土地利用的重要因素之一，其制约着土地利用结构和类型。一般而言，经济发展水平越高的地方，其农用地的面积相对越少，而工业用地的面积则相对越多。

自改革开放以来，我国各个区域的经济发展水平得到大幅度提升，无论是国内生产总值还是人均国内生产总值均有巨大增长。同时，我国各个区域的产业结构亦进行升级和调整，无论是第一产业、第二产业还是第三产业，其比重均发生一定程度的调整，这在无形之中影响着区域的用地结构。

因此，区域政府可以根据本地区的经济发展水平和产业结构等具体情况，在符合规划用途的前提下，灵活调整各种土地利用类型的布局。

二、区域土地利用的研究内容

区域土地利用状况反映了区域土地利用技术水平和社会经济发展水平，区域土地利用的研究、评估和分析可以从土地利用类型组合、土地利用结构、土地利用效益等方面进行。

（一）区域土地利用类型组合状况

土地利用类型组合状况反映了不同区域的自然条件、社会经济条件以及人类活动方式，代表了土地资源开发和利用的方式、功能和形成过程，它是指不同土地用途在地域空间上的分布和联系方式。

区域土地利用类型组合通常可以分为土地利用类型水平组合和土地利用类型垂直组合两类。

1. 土地利用类型水平组合

所谓土地利用类型水平组合是指土地利用随着地形水平的变化，通过不同的组合方式而形成的不同类型。

2. 土地利用类型垂直组合

所谓土地利用类型垂直组合是指土地利用随着地形高度的变化，通过不同的组合方式而形成的不同类型，具体包括隐域性组合和显域性组合，前者主要受到土壤、地貌和水文因素的影响；后者主要受到生物、气候垂直地带规律的制约。

（二）区域土地利用结构状况

土地利用结构是指各种土地利用类型在某个区域的组合方式和比例关系，它反映了土地资源在国民经济各个部门及其部门之间的分配状况和比例关系，是进行土地评价的重要参考依据。

区域土地利用结构可以帮助人们对区域土地利用的合理程度进行认识和评价，从而有助于调整区域土地利用结构。

土地利用结构可以分为土地利用空间结构和土地利用数量结构两种类型，前者是对土地利用类型在区域内空间分布的概括，可以掌握区域水平分异、地貌类型、城市对土地利用的影响等信息，有助于人们更好地认识自然、社会经济与土地利用的相关性，进而分析土地利用布局的合理性；后者是指某个区域中包含的土地利用类型和面积比例，反映了土地利用类型在质和量方面的对比关系，其统计方法包括面积比、频度、多度、复杂度和区位指数等。

总之，我们通过对土地利用结构的分析，可以了解区域在一定时间范围内，某种土地利用类型空间和数量的变化情况，刻画区域土地利用变化的剧烈程度和区域差异，有助于在不同空间尺度上找到土地利用变化的热点领域，并预测出土地利用变化的趋势。

（三）区域土地利用效益状况

土地利用效益分析是指对土地利用诱发的功能进行综合性鉴定和评估，具体包括经济效益分析、生态环境效益分析以及社会效益分析。

根据区域土地利用效益的不同属性，我们可以将其分为经济效益、生态环境效益和社会效益，如图 1–10 所示。

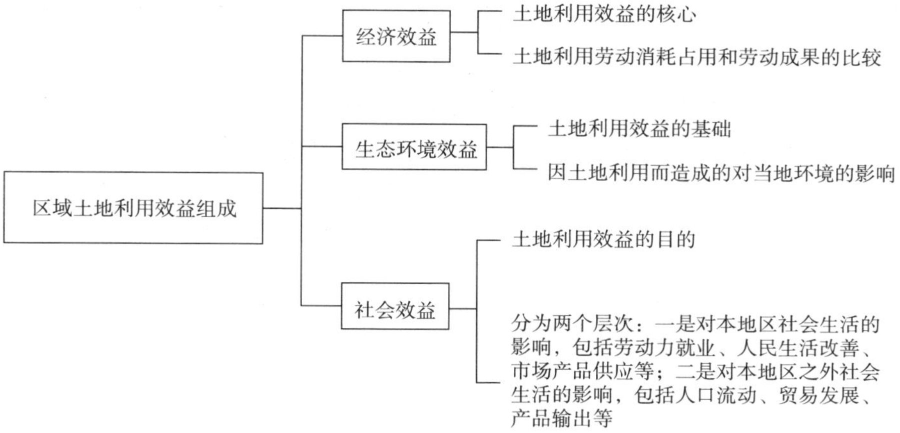

图 1–10　区域土地利用效益组成

1. 土地利用效益分析的方法

我们对土地利用效益进行分析，可以采取经验分析法、统计分析法、模型定量法三种方法。

（1）经验分析法。该方法主要依靠分析评价者的学识水平和经验，通过对现状效益的对比，进而得出语言性描述结论。这一方法主要简单说明某些事实现象，在初级调查报告中比较常见，其缺点是缺乏严格的数学推导。

（2）统计分析法。该方法的具体做法如下：将土地利用系统视为灰色系统，通过对输入、输出物质、能量的监测和统计，计算出各个效益的评估指标，然后应用数学分析的方法，统计和确定这些数据之间的规律以及因变量与自变量之间的统计显著性关系，最后评估土地利用的各项效益和总体效益。

（3）模型定量法。该方法遵循物质、能量守恒定律和生态经济规律，通过模拟土地利用过程中的物质、能量和价值的时序转换关系，建立每个时段的能量、物质或价值参数方程，最终系统描述整个土地利用系统的物质、能量流动规律及其效益等。

2. 区域土地利用效益现状

在对区域土地利用效益进行分析时，我们应当从经济效益、生态环境效益以及社会效益三个方面进行分析和评价，并利用经验分析法、统计分析法、模型定量法等做出科学合理的评价。

目前，我国区域土地利用效益并不显著，存在多方面的问题，诸如农业的生产效益相对低下、生态环境效益低下、水土流失问题严重等。因此，我国有必要对土地利用效益提高重视，平衡经济效益、生态环境效益和社会效益三者之间的关系，以实现区域土地利用的长远发展。

第二章　我国土地利用的法律和制度基础

土地利用是人类根据自身生存和发展的需要，并结合土地的自然属性，对土地进行改造和利用的社会经济活动。我国在对土地利用进行管理的过程中，需要遵循相关的法律、政策和规章制度，以保障土地利用的顺利运行。

本章主要介绍我国土地利用相关概念和管理方法，旨在帮助读者了解我国当前土地利用的政策、规定和发展趋势，并初步了解土地主体的行为响应机制。

第一节　土地利用法律体系

在我国土地利用法律体系中，诸多法律均对土地利用及其变化做出原则性规定，可见土地利用及其变化在我国经济社会发展中的地位和重要性。

《中华人民共和国宪法》（以下简称《宪法》）、《中华人民共和国土地管理法》（以下简称《土地管理法》）等法律有效保障了土地利用的法律地位，《城市用地分类与规划建设用地标准》《工业项目建设用地控制指标》对土地利用及其变化提出要求。

一、《宪法》中关于土地利用的规定

人类自从产生以来就对土地进行利用，即通过土地创造财富和生产产品。土地利用涉及的内容十分广泛，包括农业活动、林业活动、牧业活动、住宅建造活动、交通建设活动等。

简单来说，土地利用是人类为获得产品或服务而进行的土地资源利用活

动。为有效保障土地资源得到最大程度利用，并保护自然生态环境，《宪法》作为根本大法，对土地利用及变化做出了原则性规定，如表 2–1 所示。

表 2–1 《宪法》中关于土地利用的相关条款

法律规定条款	内 容	作 用
第九条第二款	“国家保障自然资源的合理利用”	所谓自然资源包括森林、草原、荒地、滩涂等，这意味着对林地、草地、湿地、荒地等土地类型的合理利用进行说明
第十条第五款	“一切使用土地的组织和个人必须合理地利用土地”	从微观层面规定土地合理利用的范畴，土地使用人必须按照法律规定利用土地。例如，不得擅自更改土地的用途
第二十六条第二款	“国家组织和鼓励植树造林，保护林木”	对其他类型的土地被用作林地，国家持鼓励的态度

尽管《宪法》中并没有考虑土地利用对生态环境的影响并做出硬性规定，但随着社会经济的不断发展，《宪法》强调土地利用中需要保护环境，并鼓励植树造林，这意味着对部分土地资源需要给予保护。

二、《土地管理法》中关于土地利用的规定

1986 年，我国制定出台《土地管理法》并特别强调土地的合理利用，《土地管理法》的多条规定（如第一条、第三条、第十条以及第十三条）都对合理利用土地提出相关要求。

1998 年，全国人大常委会对《土地管理法》（1986 年制定）进行修订，修订后的《土地管理法》依旧强调对我国土地的合理利用，并将“十分珍惜、合理利用土地和切实保护耕地”作为我国的基本国策，有效提高了合理利用土地的法律地位。不仅如此，《土地管理法》还规范了土地利用变更的几种类型（表 2–2），为土地利用提供了切实有效的法律支撑。

表 2–2　《土地管理法》规范的土地利用变更类型和规定

土地利用变更类型	相关条款规定	作　用
耕地向建设用地的变更（《土地管理法》的核心）	第三十条第一款规定："国家保护耕地，严格控制耕地转为非耕地" 第二十三条第一款规定："各级人民政府应当加强土地利用计划管理，实行建设用地总量控制" 第三十七条第二款规定："禁止占用耕地建窑、建坟或者擅自在耕地上建房、挖砂、采石、采矿、取土等" 第二十一条第一款规定："城市建设用地规模应当符合国家规定的标准，充分利用现有建设用地，不占或者尽量少占农用地"	我国通过土地用途管制制度，包括基本农田保护制度、耕地占补平衡制度，对耕地实行特殊保护，有利于保障我国的粮食安全
未利用的土地向耕地等的变更	第三十九条第一款规定："国家鼓励单位和个人按照土地利用总体规划，在保护和改善生态环境、防止水土流失和土地荒漠化的前提下，开发未利用的土地"	强调未利用的土地在保护生态环境的前提下开发，有利于保障国家的生态环境安全

除此之外，《土地管理法》对土地利用变更做出较为严格的限制，土地权利人在对土地进行利用时，未经许可同意不得变更土地用途，这有效保障了土地的合理利用。另外，《中华人民共和国农村土地承包法》第十一条第一款规定："农村土地承包经营应当遵守法律、法规，保护土地资源的合理开发和可持续利用。未经依法批准不得将承包地用于非农建设。"

随着社会经济的发展，土地资源的价值日益凸显，人们逐渐意识到土地管理的重要性。为保证土地资源的可持续利用，我国有必要加强对土地的管理和规划。2021 年 4 月 21 日，国务院修订通过的《中华人民共和国土地管理法实施条例》（以下简称《实施条例》）对"国土空间规划""耕地保护""建设用地"等提出具体的要求，旨在实现土地合理开发和规划，其中有关土地利用的相关规定见表 2–3。

表 2–3　《实施条例》中有关土地利用的相关规定

类　型	相关条款规定	作　用
国土空间规划	第三条第一款规定："统筹布局农业、生态、城镇等功能空间，划定落实永久基本农田、生态保护红线和城镇开发边界"；第三条第二款规定："明确耕地保有量、建设用地规模、禁止开垦的范围等要求"	通过国土空间规划，明确划定落实永久基本农田、生态保护红线等的重要性

续 表

类 型	相关条款规定	作 用
耕地保护	第八条第一款规定："国家实行占用耕地补偿制度"； 第八条第二款规定："划入永久基本农田的还应当纳入国家永久基本农田数据库严格管理。占用耕地补充情况应当按照国家有关规定向社会公布"； 第十条第一款规定："县级人民政府应当按照国土空间规划关于统筹布局农业、生态城镇等功能空间的要求，制定土地整理方案，促进耕地保护和土地节约集约利用"； 第十二条第三款规定：" 耕地应当优先用于粮食和棉、油、糖、蔬菜等农产品生产"	强调耕地保护的重要性，更好地对耕地进行保护和利用
建设用地	第二十条第一款规定："建设项目施工、地质勘查需要临时使用土地的，应当尽量不占或者少占耕地"； 第二十四条第一款规定："建设项目确需占用国土空间规划确定的城市和村庄、集镇建设用地范围外的农用地，涉及占用永久基本农田的，由国务院批准"	通过法律有效限定建设用地的数量

从上述《实施条例》中，我们可以看出我国对于国土空间规划、耕地保护、建设用地的重视和具体要求。为实现国土资源的可持续利用，我国制定了一系列法律法规，对土地利用用途、方案等做出规定，有效保证了土地利用的合理性，这有助于实现土地资源的可持续利用。

三、《城市用地分类与规划建设用地标准》中关于土地利用的相关规定

1990 年，原建设部通过《城市用地分类与规划建设用地标准》，明确规定编制和修订城市总体规划的土地利用标准，这一文件是我国土地利用领域、城市规划领域的重要技术规范，是强制性的国家标准，主要包括以下几个方面的内容。

（1）大城市工业用地占建设用地的比例宜取规定的下限。其中，设有大中型工业项目的中小工矿城市，其工业用地占建设用地的比例在 25% ～ 30% 之间。

（2）风景旅游城市及绿化条件较好的城市，其绿地占建设用地的比例可以高于 15%。

（3）居住、道路广场、工业以及绿地四大类用地的总和占建设用地比例应当在 60% ～ 75% 之间。

（4）规划人均建设用地指标为第Ⅳ级的城市，其道路广场用地占建设用地的比例宜取下限。

（5）建设用地的标准应当在 60 m^2/ 人至 120 m^2/ 人的范围之内。

为适应政府职能的转变，2010 年住房和城乡建设部修订和发布新版的《城市用地分类与规划建设用地标准》，该文件按照政府和市场的要求，对部分地类加以调整，将满足基础民生需求的服务设施（政府为主体）、以营利为目标的服务设施（市场为主体）分别单独列为大类。同时，该文件在规划人均单项建设用地面积标准、规划城市建设用地结构等方面均作出适当调整和修订，使得土地利用更加科学合理。例如，人均绿地面积的下限值从 9 m^2 提高到 10 m^2，而人均公园绿地面积的下限从 7 m^2 提高到 8 m^2。

综上所述，《城市用地分类与规划建设用地标准》的实施在抑制我国城市建成区的恶性蔓延、促进城市用地结构的合理化、调控城市建设用地总量、控制城市人口规模恶性膨胀等方面具有积极的影响和价值。

四、《工业项目建设用地控制指标》中关于土地利用的规定

在专项用地标准方面，2021 年，为加强工业项目建设用地管理，自然资源部修订了《工业项目建设用地控制指标》，对土地利用做出明确的规定，旨在有效提高工业项目建设用地的效率和质量，其规定主要包括以下方面。

（1）《工业项目建设用地控制指标》适用于新建、改建工程项目，新兴产业、先进制造业也应执行。

（2）《工业项目建设用地控制指标》适用于国有土地上的工业项目建设，集体土地上的工业项目建设可参照执行。

（3）工业项目的建筑系数应不低于 30%。

（4）工业企业内部一般不得安排绿地。如果因为生产工艺等要求需要安排绿地的，其绿地率不得超过 20%。

（5）工业项目所需要的生活设施用地面积和行政办公面积不得超过工业项目总用地面积的 7%。

（6）禁止在工业项目用地范围内建设宾馆、专家楼、成套住宅等非生产性配套设施。

（7）对不符合《工业项目建设用地控制指标》要求的工业项目，不给予供地或对项目用地面积给予核减。

从上述规定可以看出，我国对建设用地的控制比较严格，提出很多具体的规定，旨在提高建设用地节约集约水平，实现建设用地的合理规划和利用。

第二节　土地利用规划

要想科学合理配置区域土地资源，使其得到最大程度的利用和开发，有必要对其进行合理规划。

在土地利用方面，我国的研究往往将农业发展和农业经济放在首位，因此我国土地利用规划往往是服务于农业的。

一、土地利用规划的概念和特征

土地利用总体规划是指在各级行政区域内，区域政府根据土地资源特点和社会经济发展要求，对今后一段时期内（通常为 15 年）土地利用的总安排，是区域政府对土地资源的规划和安排。

（一）土地利用规划的概念

土地利用规划是指在一定的空间和时间范围内，区域政府以土地资源状况、土地资源适宜性、经济的需要以及社会发展的需要为基本准绳，对土地利用进行的整体或专项安排，其目标是满足不同行业、不同主体对土地的需求。

简单来说，土地利用规划是政府对土地资源在未来时期的利用而做出的导向性安排，实质上是对有限的土地资源在国民经济部门的合理配置。

（二）土地利用规划的特征

土地利用规划具有政府性、整体性以及动态性三大特征，如图 2–1 所示。

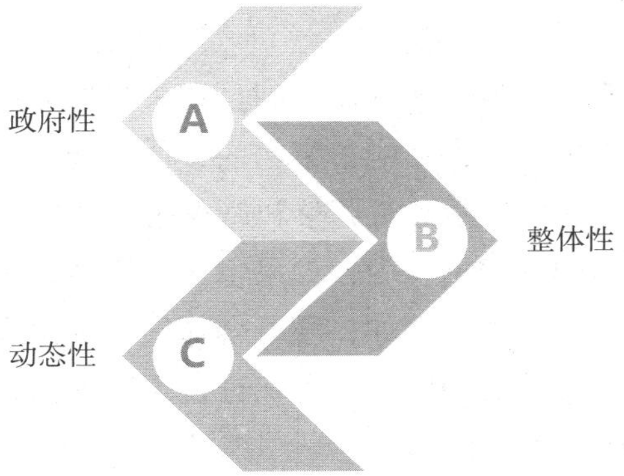

图 2-1　土地利用规划的特征

1. 政府性

土地利用规划具有政府性的特征，这是由土地利用后果的社会性决定的。在土地利用规划中，国家政府以社会公共利益代表的身份，并借助规划这一手段对土地的整体利用和未来利用等做出安排。

在制定和修改土地利用规划的过程中，不同的利益团体、政府部门或具有特定兴趣的个人可以借助各种正当渠道（建议或意见）进行参与，使得自身的利益可以在土地利用规划中实现。

需要注意的是，只有国家才能制定和修改土地利用规划，其他个人或部门无权对其进行修改和制定。

2. 整体性

由于土地的面积、土地的自然供给等是有限的，而土地的经济供给富有弹性，因此国家在对土地利用进行规划时，必须从整体出发，对土地利用做出科学合理的安排，这是土地利用的特性决定的。

首先，在进行土地利用规划时，国家必须从社会、经济、环境等多方面对不同用途的土地做出整体安排，以达到土地利用结构的最优化。

其次，国家在对土地资源利用做出规划时，需要对全部土地资源（包括城乡土地资源）作出规划，而不单是对城市土地资源作出规划。

最后，为保护生态环境，更好应对全球气候变化，我国需要增强土地的碳汇功能。因此，我国需要对土地利用结构做出合理安排，注意生态环境用地的规划。

3. 动态性

没有什么事物是一成不变的，而规划具有未来导向性，在制定过程中更是面临着诸多不确定因素，这影响着事物的整体发展。因此，土地利用规划要具有一定的动态性，以方便及时调整和修正相关规划。

在土地利用规划的制定过程中，如果主客观条件发生重大的改变，有必要对其进行及时修正和完善。例如，随着全球气候发生重大变化，为有效应对气候变化、增强土地碳汇功能，我国在进行土地利用整体规划时，有必要侧重建设有利于加强碳汇功能的土地利用类型。

二、我国土地利用总体规划发展历程

目前，我国已经形成以土地利用总体规划为主体的规划体系，包括土地利用总体规划、土地利用专项规划、土地利用详细规划三部分。

其中，土地利用总体规划是指由人民政府组织编制的、对行政区域土地利用做出综合长期安排的土地利用规划。土地利用总体规划是土地管理的龙头和核心，主要起明确用地指标、划分土地利用区等两个作用。

土地利用专项规划是指在土地利用总体规划框架的基础上，对土地开发、整治、利用和保护某一专门问题所制定的规划，是对土地利用总体规划的补充和深入，具有针对性和局部性。

土地利用详细规划是指在土地利用总体规划框架的基础上，对各类用地的控制指标和规划管理要求进行详细规定，或对某一土地使用单位、某一地段的土地利用作出规划设计和具体安排，是对土地利用总体规划（或土地利用专项规划）的细化和深入，分为控制性土地利用详细规划和开发性土地利用详细规划两种。

我国土地利用总体规划的发展并不是一帆风顺的，但整体来看编制水平处于不断上升的态势。根据我国具体的国情和社会经济的发展，我国土地利用总体规划的发展可以分为以下几个阶段，如图 2-2 所示。

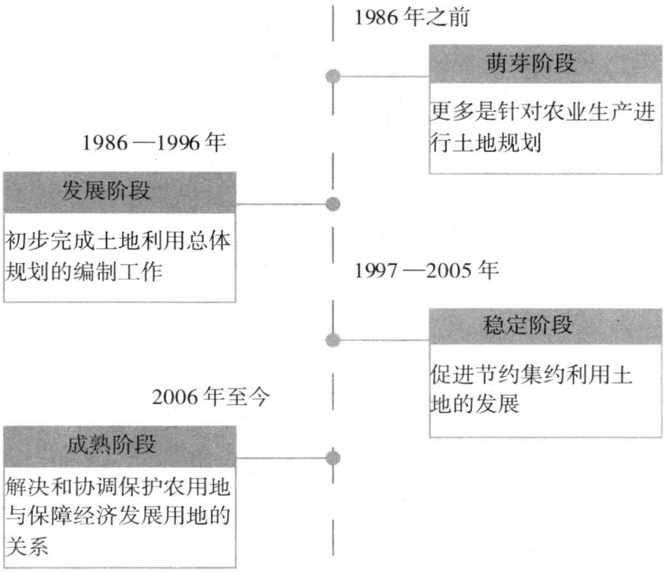

图 2-2　我国土地利用总体规划发展历程

（一）萌芽阶段（1986 年之前）

20 世纪 50 年代，随着我国与苏联的联系日益密切，土地利用规划的概念逐渐传入我国，当时被称为“土地整理”，20 世纪 50 年代后期则被改称为“土地规划”。

1986 年之前，我国在土地利用规划方面一直不够完善，多是零散的和局部的土地利用规划，且是比较单一的农业用地规划，并没有发挥出土地资源的最大效益，影响着我国的经济发展。例如，在中华人民共和国成立之初，我国土地利用规划更多的是发展农业生产，因此更加侧重于国有农场。

在这一阶段，我国土地利用总体规划开始萌芽，注重从整体上进行规划和设计，以解决局部地区土地利用中存在的问题。需要注意的是，在这一阶段，我国的土地利用规划基本上都围绕基本农田建设和荒地开发等农业土地利用进行规划，带有鲜明的农业区划印记，很少对其他类型的土地利用展开规划。

（二）发展阶段（1986—1996 年）

随着改革开放的到来，我国各方面的建设如火如荼地开展，在土地利用规划方面亦是如此。

1986 年，我国制定《土地管理法》并成立国家土地管理局，其目的是加强对土地的宏观管理，实现土地的合理利用。同时，我国在加快经济建设的过程中也出现了建设用地规模扩张过快而耕地被大量占用的情况，为防止和避免人多地少的矛盾给国民经济的可持续发展带来影响，我国开始第一轮全国土地利用总体规划的编制（1986—2000 年），《土地管理法》规定："地方人民政府的土地利用总体规划经上级人民政府批准执行。"直至 1993 年，我国第一部土地利用总体规划——《全国土地利用总体规划纲要（草案）》经国务院正式批准实施。

在这一阶段，随着第一部土地利用总体规划的实施，直至 1996 年底，大部分省、直辖市、自治区完成省级土地利用总体规划的编制工作，为我国保护耕地、协调各业用地、合理开发利用后备土地资源等做出了重要的贡献。

（三）稳定阶段（1997—2005 年）

随着我国对土地利用的重视，1998 年，我国开始修订《土地管理法》，这不仅使得土地利用总体规划的法律地位得以确立，同时强化了土地利用总体规划对城乡土地利用的整体调控作用。例如，在《土地管理法》的修订过程中，调整幅度最大的内容是规划，尤其是整部《土地管理法》共有 86 条，其中 14 条是关于土地利用总体规划的规定，被单独列出作为第三章，这大大提升了土地利用总体规划的法律地位，为土地利用总体规划的编制、实施提供了法律支撑。

与此同时，为发展社会经济，很多非农建设大量占用耕地，这严重影响了我国的农业生产安全。在这样的背景下，第二轮全国土地利用总体规划（1997—2010 年）的编制和修订逐渐开始，其战略目标是在保护生态环境、不减少耕地总量的前提下，对整个规划的部署、控制、土地开发与保护等方面进行安排，即按照耕地总量动态平衡等新要求编制规划。

因此，1999 年 4 月，国务院正式批准并印发《1997—2010 年全国土地利用总体规划纲要》（以下简称《纲要》），以有效保障我国耕地的总体数量。

在这一阶段，《纲要》的实施不仅有效促进了耕地的保护，使得我国大部分地区的基本农田面积保持基本稳定，还有效控制了非农建设占用耕地的行为，促进节约集约利用土地的发展。

（四）成熟阶段（2006 年至今）

随着我国城市化、工业化进程的加快，人地之间的矛盾日益加剧。不仅如此，生态环境建设和产业结构调整对土地资源管理亦提出了新的要求和挑战。在这样的背景下，我国开始第三轮全国土地利用总体规划（2006—2020年）的编制和修订，其重点是协调保护农用地与保障经济发展用地的关系。

2008 年，国务院发布《全国土地利用总体规划纲要（2006—2020 年）》。《全国土地利用总体规划纲要（2006—2020 年）》第一次明确提出为保护环境所需的土地规划，提出“控制生产用地，保障生活用地，提高生态用地比例”，并在“加强基础性生态用地保护”部分提出：“具有重要生态功能的耕地、园地、林地、牧草地、水域和部分未利用地占全国土地面积的比例保持在 75% 以上”，这意味着我国逐渐重视土地生态保护和建设。

在这一阶段，我国土地利用总体规划日渐完善和成熟，土地利用侧重点开始有所转变，越来越重视生态用地保护和建设。

第三节　土地节约集约利用

土地节约集约利用是相对于土地粗放利用的概念，是土地利用的方式之一。

随着我国对土地利用研究的深入，节约集约用地可以减少用地低效闲置的现象，同时可以遏制建设用地对具有碳汇功能土地的侵占。

一、土地节约集约利用概念

土地节约集约最早由李嘉图等古典经济学家提出，是指在单位土地面积上合理增加劳动和物质的投入，通过先进的管理方法和技术等，最终提高土地收益的经营方式，其重要的理论依据是“土地报酬递减规律”。

2005 年，国土资源部门提出节约集约用地概念，主要包括以下三层含义，如图 2-3 所示。

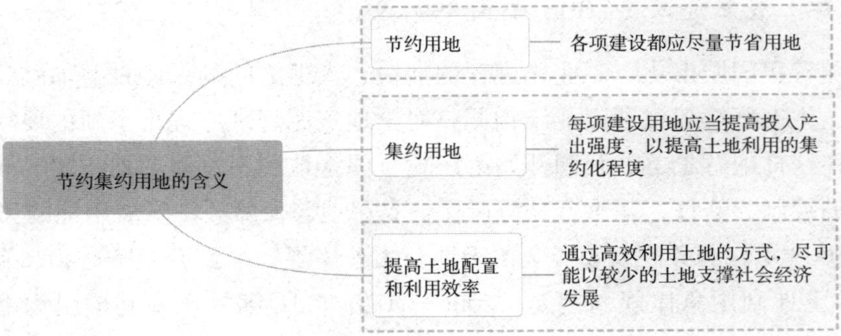

图 2-3　节约集约用地的含义

简单来说，土地节约集约利用必须兼顾社会效益和环境效益，其实质是通过增加对土地的投入，以提高土地利用效率、节约利用土地、增加经济效益，它是一个针对区域土地利用的宏观概念。

由于我国耕地面积有限，而人口众多，因此需要实现土地的节约集约利用，这样才能支撑我国社会经济的发展。

二、实现土地节约集约利用的措施

为遏制过度消耗、低效利用土地资源的现象，国务院办公厅和政府相关部门提倡建设节约型社会，并出台一系列法规政策，以促进土地、能源、矿产、水等资源的综合利用。土地节约集约利用主要包括以下方式或措施。

（一）农用地的节约集约利用

对农用地而言，首先，我国可以通过土地利用总体规划、土地用途管制制度、土地年度计划等措施，严格控制农用地向非农用地流转，这样可以起到较好的效果和作用。

其次，土地使用者可以通过精耕细作、提高存量土地的投入、完善农业基础设施等措施，以提高农用地的效益和收益，以实现农用地的节约集约利用。例如，可以建设高标准农田、整体推进集约用地。又如，可以重点开发未利用的土地和废弃的可再利用的土地，完善田间水利设施等进而推进节约用地。再如，可以大力推广秸秆覆盖、绿肥种植等保护性耕作技术和耕地培肥技术，以提高单位农田的作物生产数量，实现土地的集约利用。

最后，我们可以通过土地复垦和土地整理等措施以增加农用地的面积，这不仅可以实现农用地的节约利用，同时可以提高土地的利用效率，以实现土地的集约利用。

（二）建设用地的节约集约利用

对建设用地而言，其关系着人们的生产活动场所，为保障建设用地得到最大程度的利用，我们应遵循节约原则和集约原则，采取以下措施或政策，避免出现建设用地盲目扩张、土地利用率较低的问题。

首先，严格控制建设用地的总体数量，即城市建设用地必须充分利用现有的建设用地，不占用或少占用农用地，以实现建设用地的节约利用。例如，地方政府应当根据国家土地制度和政策，并结合本地区的实际情况等，严格控制建设用地的总面积。

其次，把城市建设用地从外延扩张为主引导转向节约集约利用为主，鼓励本地区盘活存量建设用地，减少建设用地的浪费。例如，地方政府可以出台相关的鼓励政策，引导建设用地主体合理规划建设用地的使用范围和使用面积，进而实现建设用地的集约利用。

最后，城市用地建设的规模必须遵守国家规定的标准，以防止城市建设用地规模过度膨胀。因此，地方政府应当出台相关的措施或政策，规定城市建设用地的面积和规模，以实现建设用地的节约利用。

（三）生态用地的节约集约利用

对生态用地而言，其关系着人们生活质量的高低，为保障生态用地得到最大程度的保护和利用，我们应遵循节约原则和集约原则，采取以下措施，以提高生态用地的利用率。

首先，加强对生态用地的规划和设计，即建立严格控制生态用地向建设用地和农业用地转换的制度和程序，禁止生态用地转换为建设用地，以有效控制建设用地的面积，实现对生态用地的保护。

其次，加强对生态用地的建设，采取相应的措施和手段，促进生态用地质量的提升。例如，维持生态用地生物类型的稳定和多样，进而维护生态用地的物种多样性。又如，加强对草场、沼泽等生态用地的建设，制定相应的政策和制度，以有效保障生态用地的质量和作用，使其发挥出应有的生态功能。

最后，通过退耕还林等措施以增加生态用地的面积，这不仅可以实现生态用地的节约利用，同时可以提高生态用地的利用效率，以实现土地的集约利用。

第四节　土地用途管制制度与土地利用变化

虽然土地的面积是有限的，但其经济供给富有弹性，这种特点决定着国家必须对不同用途的土地做出适当安排，以实现土地利用的三大目标，这些目标的实现离不开土地用途管制制度。

一、土地用途管制制度的作用、要求和特点

实行土地用途管制的目标在于使得土地利用方式由粗放型向集约型转变，保障粮食安全、生态安全和经济发展，最终实现社会经济可持续发展，其作用和要求如下。

（一）土地用途管制制度的作用

土地用途管制制度是国家为保证土地资源合理利用，促进社会、经济和环境协调发展而制定的有关土地用途的制度。

土地用途管制通过编制土地利用总体规划，进而划定土地用途区域，并确定土地使用的限制条件，最终规范土地所有者或使用者的行为或决策。

（二）土地用途管制制度的要求和必要性

土地用途管制制度要求，严格按照土地利用总体规划和年度计划供地，严格把好农用地转用、土地征收审批关，严格执行耕地“占一补一”的补偿制度，严格依法征地和执行征地补偿安置制度。

其中，当农业用地转变为建设用地时，土地可逆转性非常差，因此有效规范土地的用途变更十分必要，土地用途管制制度的核心在于农业用地向非农业用地转移的管制，而农业用地内部之间的转移管制则相对较为宽松。

土地用途管制制度是一种先进的土地资源管理制度，其能够强化土地利用的政府调控力度，对土地用途变更有着严格的控制，其必要性体现在

以下方面。

（1）可以解决我国分级限额审批制的弊端。

（2）可以实现土地利用整体效益的最大化。

（3）可以消除土地利用中不利的外部性影响，在保护环境的同时，实现土地的可持续利用。

（4）可以协调“吃饭”和“建设”之间的矛盾。

（三）土地用途管制制度的特点

和其他土地利用政策和制度相比，土地用途管制制度具有强制性、直接性、权力性、严肃性的特点，如图 2-4 所示，体现在以下方面。

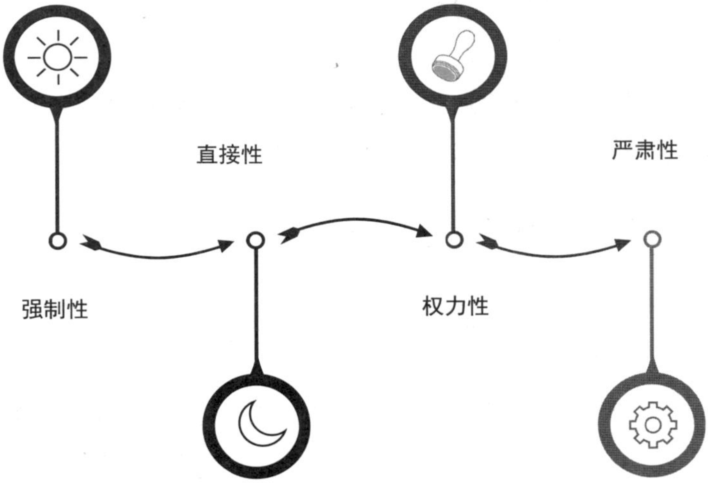

图 2-4　土地用途管制制度的特点

1. 强制性

土地用途管制制度的强制性主要体现在土地管理方面，即土地用途管制制度是对土地使用限制、土地用途转变的许可等方面做出规定，并通过行政手段或法律手段进行约束的强制性措施。

2. 直接性

土地用途管制制度通过划分土地用途区，确定区内的土地规划用途，并编制详细的、条款式的土地用途管制规则管理土地用途，在这一过程中，各级政府管理土地用途是直接管制的，具有直接性。

3. 权力性

土地用途是由代表国家长远利益和全局利益的人民政府通过各级土地利用总体规划而确定的，必须由各级政府实施土地用途管制，具有一定的权力性，其他个人或单位无权行使管制权。

4. 严肃性

严肃性主要体现在法律制裁方面，土地利用总体规划一经批准，其土地用途也就随之确定，即具有法律效力，必须严格执行。一旦单位或个人未按照规定用途使用土地，就要受到法律的制裁。

二、土地用途管制制度有关土地利用变化的内容

土地用途管制要求按照用途对土地资源进行合理分类，由土地利用规划规定地块的主导用途、允许用途和使用条件，对用途变更实行审批许可，并对土地利用变化做出相关规定，其主要内容见表 2-4。

表 2-4 土地用途管制制度有关土地利用变化的内容

管制类型	用途管制内容
农用地用途管制	分为两类：一是农用地农用管制，二是农用地非农化管制，其目标是限制农用地转化为非农用地，尤其是严格限制耕地转化为非农用地
建设用地用途管制	按照土地利用总体规划和城市规划所规定的用途合理使用，前者体现在控制建设用地总量、城市建设用地规模符合国家规定标准、严格建设用地审批管理等方面；后者体现在规定建设用地的使用性质、使用强度、使用数量、使用时序等方面
其他用地用途管制	包括三个方面的内容：一是禁止不符合土地利用总体规划、破坏自然生态环境的土地开发；二是鼓励对废弃渠道、零星坑塘水面、公路、盐碱地的利用，并应用各种方式进行土地整理；三是鼓励对未利用地进行科学的开发利用

从上述土地用途管制的相关内容来看，我国对土地用途的管制比较严格，对土地使用条件、用途变更等有着明确的审批流程，这有效保障了农用地的数量。其中，土地用途管制制度严格限制耕地转化为非农用地，对建设用地、其他用地提出管理标准和规定。

第三章　土地利用变化的效应和影响

土地利用变化不仅可以改变土地覆被状况，同时会引起很多自然现象和生态过程的变化，包括能量交换、土壤侵蚀和堆积、水分循环等。一旦土地利用的形式发生改变，就不可避免地对周围的气候、景观、水文、碳排放产生一定的影响，其影响途径如下。

（1）通过改变地球表面的物理特征（如土壤含水量、表面粗糙度、反照率等）直接影响大气和地表之间的能量和水分交换过程。

（2）通过改变生物地球化学的循环过程，进而影响大气和地表之间微量气体的交换。

（3）通过改变地表生物多样性，进而影响区域的水分循环特征，改变生态系统的结构和组成，最终对生态系统功能造成负面影响。

本章主要介绍土地利用变化对气候、碳排放、水文、景观等方面的影响，旨在帮助读者了解土地利用变化的作用和价值。

第一节　土地利用变化对气候的影响

土地利用变化是人类活动影响气候的途径和方式之一，随着对气候变化研究的深入，人们逐渐意识到土地利用变化对气候的影响和作用。一方面，土地利用变化通过直接影响土地覆盖变化，进而对气候造成影响。另一方面，土地利用变化会破坏原有的生态系统，释放过多的温室气体，间接造成气候的改变。

一、土地利用变化和气候变化的传递形式

土地利用变化直接关系到土地覆被变化，进而产生一系列变化，其传递途径主要分为以下两种。

（一）通过改变大气中的成分以改变区域大气化学性质及过程

土地利用变化涉及的内容广泛，可以改变大气中的成分，进而影响区域的气候发生改变。例如，森林用地在向农业用地的转变过程中，会采伐大量的树木、毁坏原有的生态环境，这会导致向区域大气中释放过多的碳，进而改变区域大气的化学性质。

（二）通过改变地球上太阳能的分配方式进而影响区域气候

土地利用发生变化时，会直接影响土地覆被变化，导致地球上太阳能的分配方式发生改变，并导致后续一系列变化，最终影响区域气候。例如，森林用地在向其他用地转变的过程中，会增加植被盖度、地表反照率，对太阳能的分配造成一定程度的影响，进而影响区域的温度和湿度，最终使得区域气候发生改变。

综上所述，土地利用和气候变化的传递形式可以简单概括如下：土地利用变化—土地覆盖变化—地面性质变化—气候变化。

二、土地利用变化对气候的影响方式

简单来说，各种土地利用形式发生变化，尤其是森林采伐、农业种植和城市建设等行为都会在能量平衡、水分输送、温室效应等方面造成影响，进而影响区域或全球的气候变化，主要体现在以下几个方面。

（一）森林覆盖面积变化对气候的影响

森林作为地球生态系统重要的组成部分，可以有效调节碳循环和水循环，在调节气候方面（包括降低温室效应、调节温度等）等方面具有重要的价值和作用。

1.森林可以维持大气中的碳氧平衡

森林中的树木在生长过程中需要从大气中吸收并贮存大量的碳，这有助于维持大气中的碳平衡，同时可以通过光合作用和呼吸作用，进而影响大气

中的氧气、二氧化碳的平衡和循环。

根据相关研究，植物在一昼夜中放出和吸收二氧化碳的比例为 2 ： 3，这意味着植物可以聚集和贮存碳，并以有机物形式贮存到树木之中，是主要的二氧化碳吸收处，对维持大气中的碳氧平衡、遏制全球气候变暖有着重要的作用和价值。

一旦森林的覆盖面积发生变化（尤其是减少之后），其吸收二氧化碳的能力就会有所降低，并会在物质自然分解过程中释放出大量的二氧化碳，使得森林成为大碳源，导致大气中的二氧化碳成倍增加，无法维持大气中的碳氧平衡，最终加剧温室效应。

2. 森林可以调节气候、改善区域的气温和降水

首先，对森林中的树木而言，其往往具有粗糙的树冠表面，这为树木反射太阳辐射、减小反射率提供了得天独厚的优势（在自然表面中，森林是除水面以外反射率最小的事物，平均在 10% ～ 15%）。同时，树木树冠的上气层的湿度较大，加上林冠的屏蔽作用，使得有效辐射小得多。以上种种因素使得森林对能量的保存率较高，具有最大的光能吸收率和保存率，其保存热的效果和功能较佳，可以维持和调节区域中的气候。一旦森林遭到大幅度破坏，往往会导致气候变暖。

其次，和裸露的地面相比，森林的平均热容量要大得多，具有和海洋相似的热力特性，即夏季增温较慢、温度较低；冬季降温较慢、温度较高等特征。这些特性意味着森林可以起到缓解温度起伏和波动的功能。

最后，森林具有较大的蒸发量，这意味林区及其附近地区的空气湿度将会较大，有助于改善局部降水。根据相关数据，和同一纬度的同面积海洋相比，森林所蒸发的水分要多 50%，如 0.07 hm^2 的落叶林，一个夏季就可以蒸腾 160 t 的水分，加上森林水蒸气扩散较慢，因此林区的湿度比无林区高出 15% ～ 25%。我国雷州半岛的气象记录表明，经过 20 多年的植树造林活动，该地区的干旱气候有所改变，降水量比 40 年前增加 31%。

综上所述，森林用地对气候有着重要的影响和作用，森林用地面积一旦大幅度减少，将会改变地表的物理性质，影响大气和下垫面之间的热量、水分以及辐射的平衡关系，最终导致局地的气候变化。其中，这些气候变化包括增加地面反射率、影响大气环流、改变地面粗糙度、增加风速、加剧温室效应等。

目前，我国森林覆盖面积不容乐观，某些地区存在过度砍伐、毁林开荒、植树造林力度不足以及砍伐迹地上的植树造林不足等问题。因此，需要采取相关措施或政策加强森林用地建设，减少或降低土地利用变化对气候造成的负面影响。

（二）城市建设用地变化对气候的影响

城市化建设是土地利用变化中改变地表覆盖的最快形式，通过城市化建设，地表覆盖将会由自然植被转变为人工地面或高低参差的建筑，导致地面反射率大大降低，引起城市地面温度升高、地表空气更加干燥等气候现象的变化。城市化建设对气候的影响主要体现在以下方面，如图 3–1 所示。

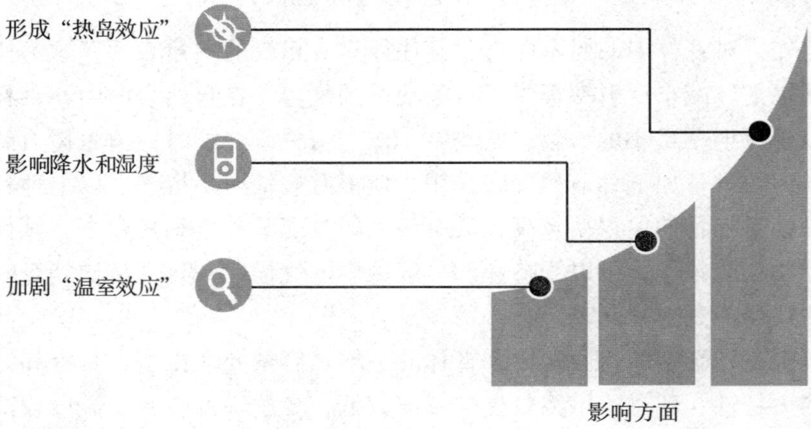

图 3–1　城市建设用地变化对气候的影响

1. 城市化建设会形成“热岛效应”

所谓“热岛效应”是指城市“体温”的升高，由于各种原因城市地区的温度明显高于郊区，如果用等温线在气温分布图上进行表示，则会发现气温高的地方呈现岛状，因此该地区被称为“热岛”。

对城市而言，热岛形成的内因分为三类：一是城市和郊区地表的性质不同，具有较大的热力性质差异；二是城市地区的大气污染物浓度较大，气溶胶微粒较多；三是城市地区的人口密度较大，其排放的人为热量比郊区大。因此，在城市之中容易形成“热岛效应”，进而引起城乡之间的局地环流，造成四周的空气向城市中心辐射的现象。

首先，和太阳能相比，大气从地面获得的能量要比前者多得多，因此地表性质会对气温变化产生极大的影响。在城市化建设过程中，城市地表的性质发生改变（尤其是增加楼房建筑物面积和不透水道路面积等），使得地表面积和反射率有所降低，最终大气无法从地面吸收较多的能量。

其次，水面和绿地所占面积和城市内最高气温成反比。在城市化建设中，沥青、混凝土等覆盖的面积不断增加，导致城市吸收大量的日射能用于下垫面增热，最终使城市变得干热。

最后，城市之中存在着很多工业企业、交通运输企业等，这些企业或公司会产生较多的大气污染物。相关数据显示，工厂每燃烧 1 t 煤可以在大气中产生约 11 kg 的粉尘微粒，这些微粒或气溶胶像一层厚厚的保温毯子，使城区温度下降得较慢，形成夜间热岛现象。

2. 城市化建设会影响降水和湿度

在城市化建设中，地面性质会发生显著变化，不可避免地会对城市地区的蒸发作用产生影响，进行影响地区的降水和湿度，具体表现如下。

首先，城市中大量不透水的路面和排水设施会减少地表水分，导致可以提供蒸发的水量减少。同时，由于城市的大量建筑物会减弱风力，降低水分蒸发速度和数量。因此，和郊区相比，白天城区及其附近区域的湿度较小，容易出现“干岛”现象，而夜间因为城市的凝露量比郊区要小，具有较高的绝对湿度，因此容易出现“湿岛”现象。

其次，城市由于“热岛效应”会形成热湍流，加上城市高层建筑林立，导致地面粗糙程度加大，进而形成机械湍流。在这两种气流的作用下会产生和增强大气对流，为成云致雨提供动力条件，造成雷暴雨天气增多。根据相关数据，城市地区及其下风侧的降水量要比农村地区高 5% ～ 15%，平均相对湿度则要低 5% ～ 10%。

3. 城市化建设会加剧“温室效应”

城市化建设会产生大量的温室气体，加剧温室效应，主要体现在以下几个方面。

首先，城市化建设的进程离不开工业化，而工业化则会产生大量污染物质（如含硫、氮等元素的气体和物质），同时会产生和排放大量的温室气体，这些因素的存在会加剧温室效应。

其次，工业化会加大人类对电能、石油等能源的消耗和需求，这在无形之中加大了对煤炭发电的需求。同时，生产各种产品和生活用品基本以燃烧煤炭获取能量，这会排放大量的二氧化碳气体，加上汽车尾气（如碳氢化合物、氮氧化物等）的排放，以上种种因素都不同程度地加剧了温室效应。

目前，全世界城市化水平的速度都在逐年增加，城市化建设带来的城市气候变化日益显著，“城市荒漠化”现象严重。而产生上述变化的根本原因是城市地面性质的改变。因此，在进行城市化建设中，笔者建议新城镇规划的绿地面积最好不要低于占地总面积的50%，以更好地维护城市中的生态气候。

（三）农业用地变化对气候的影响

农业用地对气候变化的影响主要表现在两个方面：一是畜牧业、种植业引起的温室气体（如甲烷和施肥排放的一氧化二氮等）；二是农业地面性质的改变对气候的影响，具体体现在以下方面。

1. 农业用地利用变化会影响温室效应

在农业生产过程中会排放大量的二氧化碳、甲烷和一氧化二氮气体，这些气体可以加剧温室效应。根据相关数据，农业生产排放的二氧化碳、甲烷、一氧化二氮分别占人为温室气体排放总量的21% ~ 25%、57%、65% ~ 80%。

其中，农业生产过程中的温室气体排放源包括以下几种：一是畜牧业生产，包括反刍动物的消化、动物粪便的分解等；二是水稻等在生长过程中排放的甲烷和生物质燃烧；三是农业土壤施肥排放的一氧化二氮。

农业用地利用变化对温室效应的影响具体体现在以下方面。

首先，在畜牧业生产过程中，其养殖的对象往往是牛和羊等反刍动物，这些反刍动物会在消化过程中产生甲烷气体，而这会加剧温室效应。同时，在家畜粪便的分解和发酵过程中，在无氧条件下有机物会发酵产生甲烷和其他温室气体，这在一定程度上影响着大气环境。

其次，水稻等农作物在生长过程中，往往会释放大量的甲烷和二氧化碳。前者主要与水稻自身的特殊结构和稻田环境相关，稻田灌溉水在某种程度上起着密闭的作用，营造出厌氧的生长条件，因此可以释放出大量的甲烷并通过水稻的通气组织进行输出，避免甲烷在有氧环境下被分解；后者主要是源于耕作过程中的深耕，即土壤下层的有机物会暴露在有氧环境中被氧化进而释放出二氧化碳。

最后，化肥的施用亦会对区域气候产生重要的影响，主要体现在对大气环境、土壤生态环境、水环境的影响等方面。根据相关研究，一氧化二氮不仅可以破坏臭氧层，同时其增温潜势是二氧化碳的 290 ~ 300 倍左右，具有重大的破坏潜力。而化肥是大气中一氧化二氮的重要和主要来源，大气中 80% ~ 90% 的一氧化二氮来自土壤，对温室效应的影响最大。因此，可以看到农业土壤施肥可以加剧温室效应，我们需要采取一定的措施或方法降低化学肥料的使用，尤其是氮肥的使用。

2. 种植业用地利用变化会影响降水

种植业大面积灌溉以及农作物的蒸腾作用将会对区域的水环境、降水条件等造成影响，具体体现在以下方面。

首先，由于农田的地表覆盖着大量的天然植被，这必然会影响地面反射率。一般而言，农田地表覆盖率越大，反射率将会越高。因此，种植业用地利用变化将会对热量分布造成一定影响。

其次，大面积的农业灌溉必然会影响区域的湿度和降水等，并改变农业区域周围地区的地面热力性质，最终影响大气环流。

最后，种植业用地利用变化会使得地表反照率、植被叶面积指数、粗糙度以及地表植被覆盖度发生显著改变，并由此影响季风气候（如强化冬季风、弱化夏季风），进而导致干旱化过程。

因此，为尽量降低种植业用地利用变化对气候的影响，其种植的农作物应当尽量避免单一化，即避免农业生态系统成分单一化，这样才能有效应对和调节气候。

综上所述，农业用地变化将会对气候产生重要的效应和影响。为最大程度降低土地利用变化对气候产生的效应和影响，我们应当全面了解土地利用变化的机制和制度，以有效采取相关措施和方案。

第二节　土地利用变化对水文的影响

从人类社会来看，土地利用变化不但会影响气候，也会对水文生态过程造成影响。

土地利用变化导致的下垫面性质变化、人为活动变化、自然环境变化等将不可避免地对水文过程和水资源利用产生影响，包括地表水和地下水水质和水量的变化，并间接影响区域用水短缺、水源污染等。

一、土地利用变化对水文的影响形式

土地利用变化直接体现和反映着人类活动的影响水平，对水文过程的影响则主要体现在对水量、水质以及水循环过程的改变等方面。

（一）土地利用变化对水量、水质的影响

在土地利用过程中，土地利用方式和程度的改变（如农药、杀虫剂的大量使用，化学肥料的过度使用等），加上土地利用布局的变化（如城镇化发展等），不可避免地会使营养元素及悬浮物流入河流之中，导致水体富营养化和水污染，最终造成水量的变化和水质的恶化。

研究表明，不同的土地利用类型对水质变化所起到的作用并不相同。一般而言，总氮和总磷的比率在林地径流中含量最高，在农田径流中含量次之，在城市径流中含量最低。土地利用变化的水文效应见表 3-1。

表 3-1　土地利用变化的水文效应

土地利用变化类型	河川径流	地表径流	径流系数	洪　涝	蒸发量	水土流失	水　质
森林覆盖率下降，湿润地区	减小	增加	减小	增加	增加	增加	下降
森林覆盖率下降，干旱地区	减小	增加	增加	增加	减小	增加	下降
城市化面积增加	减小	增加	增加	增加	减小		下降
水田用地面积增加（旱荒地改水田或水浇地）	增加	减小	减小		增加		下降
围垦水域	减小	增加	增加	增加	减小	增加	下降

除此之外，土地利用变化会不同程度地侵蚀土壤，导致悬浮物流入径流之中，最终影响水体中沉积物和悬浮物的含量。例如，Murray 等人在对密歇根州南部的 Rouge 河流域的研究中发现，土地利用形式的变化（尤其是工业化发展），将大量的有机物质和重金属物质排入地下，对浅含水层造成了重大污染，并对该区域的水质产生恶劣作用。

随着人们越来越重视水体富营养化问题，尤其是在点污染源得到控制和治理之后，水质和污染状况并未得到改善，人们逐渐将重点放在非点源污染方面。而非点源污染和土地利用变化息息相关，因此人们将研究重点放在土地利用变化领域，尤其是对非点源发生机理、污染负荷总量估算以及水污染和土地利用关系等方面进行大量研究，旨在探讨土地利用变化对水质的效应和影响，进而有效降低土地利用变化对水质的影响。

（二）土地利用变化对水循环的影响

土地利用变化对水循环的影响主要体现在影响水量空间分布变化方面，即由于土地利用类型不同，其对降水的截留、蒸腾、阻挡、下渗作用自然有所不同。

土地利用变化不仅会导致地表或地下水量的变化，还会改变区域水循环的方式。例如，城市用地的扩张建设会减少水分的下渗和留存，进而加大径流量，甚至引发洪灾。又如，森林土地的扩展可改善城市建设对水分截留、阻挡、下渗和土壤侵袭的影响，对水循环具有积极的作用。再如，农业用地的增加可以降低水分的入渗和蒸发，进而增加年均流量，加速水循环进程等。

同时，为了解决淡水资源不足的问题，人类对大量的河流进行改道和拦截，这无形之中对水循环造成影响。目前，估计有三分之二的河流水受到人类的调节，其中约有 6% 的河流水因此而蒸发，严重影响水循环过程，同时造成海水的减少、海洋生物的减少等问题，实际上对陆地生态系统和海洋生态系统造成不可挽回的损失和伤害。不仅如此，随着人类对粮食需求的不断增加，灌溉用水的使用量亦在不断增加，导致对地下水的过量开采等问题，严重威胁人类和社会的发展。因此，如何采取有效方法揭示和探讨土地利用变化对流域水文过程的影响，成为当前亟待解决的问题。

综上所述，理解土地利用变化对水资源的影响和水文效应是实现区域水土资源协调的重要前提和基础，可以为土地可持续利用和水资源的管理决策提供相应的参考依据，对区域可持续发展具有重要的作用和价值。

二、土地利用变化对水文的影响研究方法

在研究土地利用变化对水文的影响时，我们可以采取对比分析法或建立水文模型方法，以得出较为客观公正的评价结果。

（一）对比分析法

为有效研究土地利用变化对水文的影响，我们可以采取试验流域法和时间序列分析法，前者是指建立试验流域进而对区域中的水文进行分析的方法；后者是以特征变量为主，根据时间进行判断的方法。

1. 试验流域法

试验流域法的具体过程如下：首先建起试验流域，并选择条件相同或相似的未经土地利用变化影响的流域作为参照流域，然后和试验流域同期的水文要素进行对比，两者之间的输出之差即为土地利用变化对水文的效应和影响。

采用试验流域法可以科学评估出土地利用变化的水文效应，可以对其进行有效量化和评估，其局限性体现在以下方面。

（1）试验流域的研究领域较小，不利于得出普遍性结论。

（2）采用的分析方法多为统计方法，缺乏具有普遍意义的理论模型。

（3）影响水文效应的因素错综复杂，难以抓住主要因素。

（4）研究周期较长，具有较差的可对比性。

2. 时间序列分析法

时间序列分析法的具体过程如下：针对某个流域，在较长时间段内选择可以反映土地利用变化水文效应的特征参数，然后尽量剔除其他因素的作用，进而从特征参数的变化趋势方面评估该流域土地利用变化的水文效应。

特征变量时间序列分析法简单易操作，容易施行，其缺点在于容易造成“误判”。造成“误判”的原因有很多可能是土地利用变化引起的，也可能是土壤湿度、降雨强度、大气蒸发等自然因素引起的，因此其评价结果相对不够准确。

（二）水文模型法

随着现代科学技术的不断发展和进步，各种数学模型模拟手段层出不穷，应用水文模型定量评估和预测土地利用变化对水循环各个环境的影响，可以避免对比分析法的局限性。

需要注意的是，在应用水文模型时，需要掌握土地利用方式的影响和流域的空间尺度问题，这样才能得出更为客观公正的评价。

1. 经验模型

经验模型是建立在统计关系基础之上的模型，是根据输入–输出关系建立起来的，反映着有关因素之间的笼统、直接的因果关系。

在水文模型中，经验模型往往不会考虑流域的物理过程，其模型的建立基于输入和输出时间序列的分析。一旦未来的变化超过一定的范围，则其可靠性将会大幅度下降。因此，其在研究土地利用变化对水文的影响方面应用较少。

2. 集总式模型

集总式模型是指将整个流域作为一个单元，不考虑水文现象或要素空间分布，将整个流域作为整体进行研究，进而表现整个流域的平均响应，主要用于降水–径流模拟。

需要注意的是，由于集总式模型中的参数和变量采用的是流域平均值，因此不能对某个位置进行水文过程计算。

3. 分布式（半分布式）模型

（1）分布式模型的思路和原理。分布式水文模型的思路如下。

①将流域分为若干个网格，在每个网格中分别输入不同的降雨量。

②根据各个网格中的植被、土壤以及高程等因素，计算出每个网格的产流量，注意对每个所使用的产流计算参数并不相同。

③通过比较相邻网格的高程进而确定各个网格的流向。

④根据各个网格的土壤情况、坡度、糙率等确定参数（根据地形、地貌数据等获得）。

⑤演算出流域出口断面的径流过程。

（2）分布式流域水文模型的优势。分布式流域水文模型通过水循环的动力学机制对流域水文过程进行描述和模拟，根据水介质移动的物理性质确定模型的参数，有利于分析流域下垫面发生变化后的汇流变化规律，更加准确、详尽地反映出真实的水文过程，具有以下优势。

①全面利用降雨的空间分布信息。

②充分反映出流域内降雨和下垫面要素空间变化对洪水的影响。

③模型的输出具有空间不均匀性。

④模型参数的空间分布可以充分反映出下垫面自然条件的空间变化。

（3）分布式流域水文模型的类型。水文模型为描述和模拟气候、人类活动以及水资源之间的关系提供了对应的框架和思路。

其中，分布式模型可以明确反映流域中的空间特征（如高程、坡度、土壤、植被等）和气候特征（如温度、降水等），具有明确的物理意义，因此受到众多土地利用变化研究者的青睐，常见的分布式流域水文模型有以下几种，如图 3-2 所示。

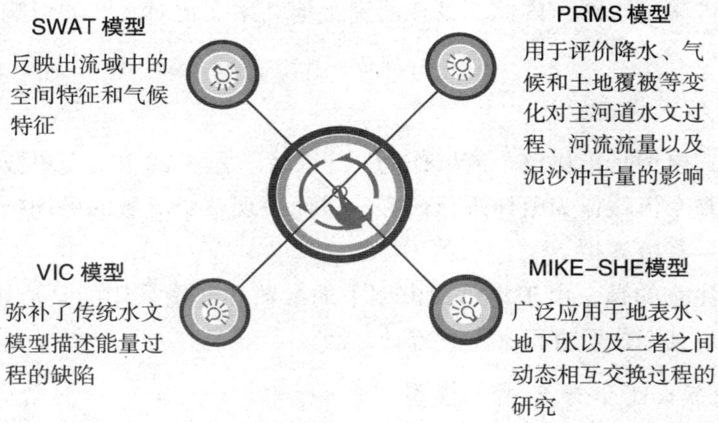
SWAT 模型
反映出流域中的空间特征和气候特征
PRMS 模型
用于评价降水、气候和土地覆被等变化对主河道水文过程、河流流量以及泥沙冲击量的影响
VIC 模型
弥补了传统水文模型描述能量过程的缺陷
MIKE-SHE模型
广泛应用于地表水、地下水以及二者之间动态相互交换过程的研究

图 3-2　常见的分布式流域水文模型

① SWAT 模型。该模型将集水区域分割为若干个子集水区，并根据气候、湿地、水文响应单元、地下水以及各个子集水区之间的主要通道进行信息组织，最后反映出流域中的空间特征和气候特征。

SWAT 模型的优势在于容易获取输入数据，对数据的分辨率要求不高，并可以在缺乏观测资料的流域中进行模拟，有利于模拟流域内不同面积的土地利用变化，其缺点在于流域的划分方式会对模拟结果产生影响。

② VIC 模型。VIC 模型弥补了传统水文模型描述能量过程的缺陷，可以同时模拟水循环过程中的能量和水量平衡，并考虑下垫面水文参数（土地利

用、地形和土壤等），其过程如下：将流域划分为若干个网格，在遵循能量平衡和水量平衡的基础下，输出每个网格上的径流和蒸发量、侧向热通量、地表热通量等数据。

VIC 模型的优势在于充分考虑水分收支和能量收支的过程、地表径流和基流两种径流成分的参数化过程、积雪融雪及土壤冻融过程等，比较全面地将土地利用变化和水文变化等各项因素融入其中，其模拟过程更加科学合理。

③ MIKE–SHE 模型。MIKE–SHE 具有水流模拟模块、地球化学模块、土壤侵蚀模块、溶质的对流和扩散模块等诸多模块，它由一系列预处理程序和输出程序组成，可以很好地模拟流域水文发展，广泛应用于地表水、地下水以及二者之间动态相互交换过程的研究。

MIKE–SHE 模型具有很强的综合性，几乎可以模拟水文循序中的所有重要过程，不仅可以应用物理方程对地表径流进行模拟，而且具有较高的精度和准确性，其不足之处在于对数据的精度要求较高、模型参数比较复杂、不容易获取相关数据等。

④ PRMS 模型。PRMS 模型主要用于评价降水、气候和土地覆被等变化对主河道水文过程、河流流量以及泥沙冲击量的影响。该模型可以综合降水、气候、土地利用等因素对集水区的影响，其思路如下：根据需要选择合适的模块，构建特定研究对象的模型，并按照模型预定的格式要求以整理和输入对应的数据和参数，最后获得运行的水文模型。其中，其模型参数主要分为三类，即地理空间参数、水文参数、植被参数。

PRMS 模型的优势在于具有较高的开放性，可以实现多模型的耦合，其缺点在于对数据的精度要求较高。

需要注意的是，分布式流域水文模型需要借助各种现代科学技术以获得有效的数据。例如，需要借助遥感技术获得地形和地貌的相关数据。又如，需要借助雷达测雨技术以观测到流域各个网格中的降雨量等。再如，需要借助地理信息系统以获得空间和数据属性参数等。

第三节　土地利用变化对碳排放的影响

全球气候变暖是当今人类面临的严峻挑战和全球性环境问题，而造成气候变暖（或者说大气中二氧化碳浓度升高）的主要原因有两个，即化石燃料的大量燃烧和非持久性的土地利用等人类活动。

土地利用变化不仅可以发挥碳源作用，还可以发挥碳汇作用，其对碳排放的影响机理和机制十分复杂。毋庸置疑的是，大多数的土地利用变化会增加大气中二氧化碳的排放总量，且对碳循环有着重要的影响和作用。例如，在 1850—1990 年期间，土地利用变化导致 124 Pg 碳释放到大气之中，这相当于同时期燃料燃烧释放的一半。因此，有必要研究土地利用变化对碳排放的影响方式，可以从以下几个方面着手。

一、区域土地利用变化与碳排放

（一）土地利用变化和碳排放的关系

近几十年来，随着经济社会的快速发展，人类通过生产、生活活动对土地利用类型的时空分布产生巨大影响，在这一过程中人类消费的能源也在不断增加，导致生态环境恶化、大气中温室气体含量大幅上升，引发全球变暖等严重的环境问题。研究表明各类温室气体中二氧化碳浓度年上升幅度远高于一个世纪之前的二氧化碳上升幅度，化石燃料燃烧是导致全球空气中二氧化碳含量迅速增加的一项因素，此外，土地利用变化通过改变土地利用与土地覆盖变化的数量和结构，实现碳源、碳汇的传导是导致碳排放增加的一项重要来源，因此由土地利用变化所引起的碳变化逐渐引起相关学者的关注。中国政府在巴黎气候大会上做出了“力争 2030 年前二氧化碳排放达到峰值”的承诺。

实现这一减碳目标，不仅需要国家层面的宏观调控，而且需要行政区域的具体落实行动。在区域层面就需要对区域土地利用变化所引起的碳排放进行准确地核算，这样不仅可以明确影响城市碳排放的主要因素，而且对城市低碳发展措施的制定具有重要意义。

（二）土地利用碳排放的研究进展

目前，相关学者对土地利用碳排放的研究主要集中在土地利用碳排放核算、土地利用变化对碳传导的机理、土地利用变化所产生的各种环境效应和土地利用碳排放的影响因素等方面。不同学者利用不同的模型从城市群、省域、市域、县域等不同尺度对土地利用碳排放进行测算，发现土地利用碳排放的时空分布格局及演变规律，并从政策因素、城镇化因素、经济增长等方面对土地利用碳排放的影响因素进行分析。

吴萌从自然源和人为源角度对武汉市土地利用变化碳排放进行测算，建立土地利用碳排放系统动力学模型，通过模拟武汉市土地利用各子系统碳排放量的变化和可能的调控措施，为制定土地利用低碳发展策略提供参考。

崔艺凡利用长江三角洲城市群 26 个城市的社会经济数据和能源消耗数据，通过随机算法计算出各城市的碳排放量以及碳排放强度，以此为基础对城市发展提出一些低碳发展的建议。

王怡欣等利用 2009—2016 年哈长城市群的面板数据，分析了流域土地集约利用程度，并在碳排放计算的基础上，从经济、生态方面探讨了城市之间碳排放的公平性，进而利用脱钩理论分析了土地利用集约度与碳排放强度之间的关系。

马远等利用黄河流域各省近 17 年的土地利用变化、能源消耗及相关经济统计数据，对流域土地利用碳排放时空格局演变及影响碳因素进行了分析。

王玮等通过对珠三角区域的土地利用变化及碳排放的时间、空间分布特征进行了统计和分析，提出通过城市转型与发展构建低碳化的国土空间开发格局，以及积极探索建立跨区域碳补偿机制来实现区域碳中和的发展格局。

时文婷对陕西省近 20 年土地利用碳排放的时空变化和影响因素进行分析，并提出了陕西省低碳发展建设性意见。

凡雨宸利用碳排放系数法结合 GIS 手段对湖南省土地利用碳排放量时空特征及其主要影响因素进行了分析。

张茹倩等通过碳排放模型对近 18 年新疆 14 个地（州、市）的土地利用碳排放进行测算，同时利用综合指标法对区域的城镇化水平进行测度，并在此基础上利用偏最小二乘法和耦合协调度模型对二者的影响机理和耦合关系进行探讨。

李泽坤等在利用碳排放强度系数法对杭州市县域土地利用碳排放的时空分布特征进行研究，并通过 LMDI 因子分解法对杭州市土地利用碳排放的影响因素进行分析，发现土地利用变化和土地利用集约度为土地利用碳排放起到负向作用，经济和人口对土地利用碳排放起到正向作用。

袁霄等以重庆市土地利用变化为例，通过直接和间接碳排放估算模型，分析了县域土地利用碳排放的时空分布规律，在此基础上分析了空间关联特征，提出了针对性低碳发展建议。

景勇等以绵阳市近 15 年土地利用数据、能源消耗数据，建立碳排放、碳足迹、碳足迹压力模型，分析了绵阳市土地利用碳排放的时空分布特征。

张中秋等通过碳排放系数法计算广东省土地利用的碳排放量，并在此基础上利用脱钩模型分析评价了土地利用碳排放量与经济增长的脱钩情况及其主要影响因素。

袁壮壮等通过利用 2000—2017 年南昌市的土地利用和能耗数据，对区域碳排放量进行了分析，发现区域土地利用的碳排放的时空分布特征，并在此基础上发现南昌市各土地利用类型中建设用地与碳排放量的平均关联度最大，其他土地利用类型相关性一般。

张贞等通过对天津市土地利用碳排放量进行计算，发现区域碳排放的时空分布特征，从碳减排、碳综合的目标出发提出改善土地利用结构和能源结构的建议。

综上所述，众多学者已经对不同尺度区域运用不同方法，在土地利用碳排放的研究中取得了丰硕的研究成果，对促进区域的低碳转型发展提供了理论参考。

二、土地利用碳排放的类型

结合土地利用碳排放的作用机制，我们可以将土地利用碳排放分为两类，即直接碳排放和间接碳排放，前者可以分为土地利用类型转换碳排放、土地利用类型保持碳排放两类，如图 3–3 所示。

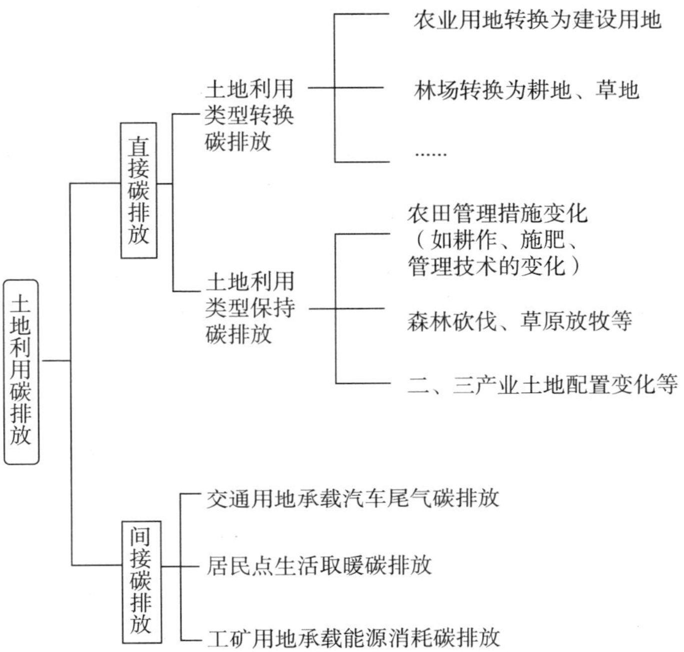

图 3-3　土地利用碳排放的类型

通过上图可以看出，土地利用形式一旦发生改变，可以直接或间接影响碳排放，且影响途径和作用各不相同。整体来说，土地利用变化会对碳排放和碳循环产生不可忽视的影响。

三、土地利用变化对碳排放的影响方式

土地利用和土地利用变化可以直接影响陆地生态系统和大气之间碳循环的过程，其影响方式或途径可以分为以下几种。

（一）农用地向非农用地转换对碳排放的影响

随着我国工业化和城市化进程的加快，在这过程中不断有大量的农用地向建设用地转换（尤其是耕地），导致植被大量减少、固碳作用减弱，最终影响碳排放和碳循环。同时，由于植被被大量破坏，其植被残体将会在分解过程中排放大量的碳元素，使得土壤对有机碳的固化吸收作用有所减弱。

可以说，在农用地向非农用地转换的过程中，将会导致碳排放量大幅度增加，降低土地的固碳减排能力。

（二）农用地内部土地利用变化对碳排放的影响

1.森林、农田、湿地和草地之间的相互转换

（1）森林向农田或草地转换。森林生态系统在全球碳循环中占据着举足轻重的地位，是最大的陆地碳库，可以促进大气中固碳减排的效率。

森林的砍伐和森林用地向农田或草地转换，往往会导致陆地生物圈的碳向大气中释放，最终影响到碳排放，主要体现在以下两个方面。

第一，在森林向农田的转换过程中，由于农田的深度耕种等措施会加速土壤中有机物的分解，在这一过程中会有一定比例的土壤有机碳向大气中排放，引起土壤有机碳的损失。其中，土壤有机碳发生损失主要有四个方面的原因：一是农田的土壤有机物更加容易分解；二是物种改变会降低土壤中碳素分配比例；三是农田中植物呼吸作用和植物残体分解增强；四是农田中的土壤容易受到侵蚀进而使得碳素流失。

第二，在森林向草地的转换过程中，由于森林的地上植被和地下根系的数量远远高于草地，因此森林转换为草地后会降低土壤碳存储量。需要注意的是，当森林转换为草地后，其土壤碳储量并非一直是减少的状态，大致在8年以后草地的地表层土壤碳含量可以恢复到之前的状态和水平。相关研究表明，当森林转换为草地之后，甚至有可能增加土壤的有机碳库。土壤发挥碳源作用还是碳汇作用取决于区域降水量、草地的类型、管理措施和取样深度等因素。

（2）农田向森林或草地转换。农田向森林或草地转换，可以有效增加土壤和植被中有机碳的储量，有助于增强碳减排能力。

我国很多学者对退耕还林的土壤碳储量进行研究，结果发现，在转换初期，土壤的有机碳储量呈现出下降的趋势，随后逐渐恢复并升高。

需要注意的是，碳在土壤中汇集的时间和速率有较大的差别，主要与以下因素有比较密切的关系。

①植被的生产力。

②土壤生物学状况。

③土壤物理状况。

④土壤有机质输入。

（3）草地向森林或农田转换。草地向森林或农田转换过程中，由于两者地上生物量和土壤层的变化有所不同，因此对碳排放和碳循环的作用亦有所

差别，主要体现在以下方面。

首先，草地转换为农田之后，由于人类在农田上往往会种植各类农作物，需要对土地进行耕种和管理，其土壤层难免会受到这些农业活动的干扰，使得土地之中的碳含量受到影响和损失。相关研究表明，农田和草地的微生物和生物种类相差不大，但有机碳的含量有所不同，有机碳的流失主要发生在耕层 30 cm 的深度。30 cm 以下几乎没有发生碳流失。

其次，草地转换为林地之后，在 10 年之内其土壤中有机碳的含量会迅速降低，之后随着地上的植被和落叶残体的逐渐增加，其有机碳含量降低的速度会逐渐减缓并呈现增加趋势，直至提高到和草地土壤碳储量相当的水平。总之，草地转换为林地会增强土壤养分和碳含量空间异质性，同时对增加植被碳储量和土壤固碳的能力具有重要的作用和价值。

（4）湿地内部之间的变化。湿地是陆地生态系统中重要的碳库之一，其碳储量大约占全球陆地生态系统碳库的十分之一。

自然湿地生态系统可以吸收大量的二氧化碳，有助于碳减排和碳循环，但是我们亦不能忽视湿地甲烷的排放量。根据相关研究，如果仅考虑甲烷和一氧化二氮两种气体的综合增温潜力，沼泽湿地的增强潜力较强，即开垦平原沼泽湿地有助于降低温室效应。

因此，对湿地而言，其吸收二氧化碳和排放甲烷的过程十分复杂，并不能准确判断湿地具有碳源功能还是碳汇功能。毋庸置疑的是，湿地可以影响碳排放和碳循环过程，因此需要加强对湿地碳排放的研究。

第四节　土地利用变化对景观格局的影响

土地利用变化会对空间格局造成一定影响和变化，尤其是城市建设用地面积的扩张，会使得景观格局类型由自然景观转变为人为景观，出现景观类型连接成片、景观斑块类型减少、景观连接度增加等现象，呈现出景观格局多样化的发展趋势。

一、景观格局的概念、分类及研究必要性

城市景观格局的演变是一个复杂的动态过程，受到自然环境、地理条件、社会经济、国家政策、政府规划等诸多因素的制约。

（一）景观格局的概念和分类

景观格局是指景观的空间结构特征，即一系列形状各异、大小不同、排列不同的景观镶嵌体在景观空间的排列。景观格局是包括干扰在内的各种生态过程在不同尺度上作用的结果，其决定着区域资源和环境的分布形式和组合，在生态系统监测和土地利用变化方面有着广泛的应用。

根据景观结构的不同，景观格局可以分为三类，即点格局、线格局以及网格局，如图 3-4 所示。

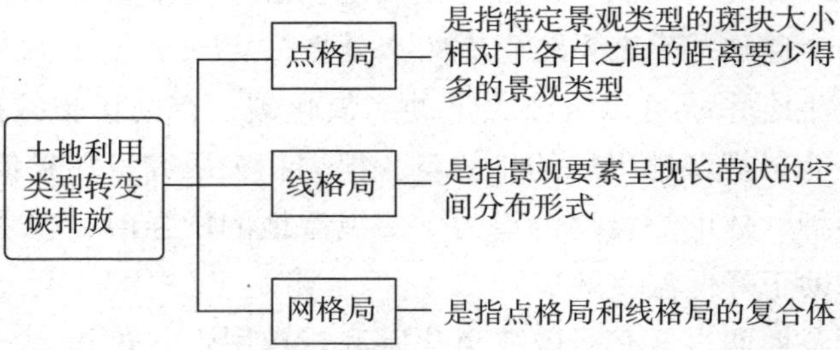

图 3-4　景观格局的分类

（二）研究景观格局变化的必要性

景观的空间格局是若干生态过程和非生态过程长期作用的结果，包括政府规划、社会经济、自然地理、国家政策等诸多因素，这些因素影响着区域内景观系统能量的转移和干扰的扩散。一旦景观中某些具有战略性的结构发生退化或破坏，将会对整个区域造成致命性影响。

因此，有必要对景观格局进行研究和分析，并探讨出景观格局的驱动机制和影响因子，其作用如下。

首先，我们通过对区域景观格局的分析和研究，可以找出导致景观格局发生变化的影响因子和驱动机制，探究景观格局和土地利用类型变化之间的关系，以便于从土地利用的动态演变出发，探讨合理的土地利用配置方式，为区域城市规划的编制提供理论和数据支撑，对可持续城市化的规划和建立有着重要的价值。

其次，我们通过土地利用变化对土地格局的影响机制的研究，尤其是通过景观格局模型对区域景观格局进行分析，可以直观表现出区域土地利用及其景观格局的演变，进而预测景观格局的变化趋势，最终改善区域生态动态平衡，实现城市土地资源的可持续发展和利用。

二、土地利用变化对景观格局的影响

在土地利用变化的过程中，尤其是城镇化的建设，使得土地资源的利用方式和性质有着较大的改变，这在无形之中影响着城市景观的格局，其影响方式主要体现在以下方面。

（一）影响城市内部景观的生态过程

城市环境发展的可持续性，部分取决于针对土地利用与土地覆盖变化和景观格局动态变化特征和规律的研究。景观格局的空间变化，在一定程度上影响着景观系统内部的能量流动和物质循环，从而使得景观功能发生变化，最后影响城市内部景观的生态过程。例如，景观格局的变化导致城市用地性质和类型出现不同程度的差异，尤其是不透水地表面积增加、雨水下渗能力降低，使得城市内部更加容易出现内涝。

（二）影响城市景观类型和结构变化

景观格局是通过城市自然形成、各种生态过程、社会经济的发展等积淀而逐渐形成的，是未来城市形成全新的景观格局的基础。

一旦土地利用类型发生变化，将会对城市景观的空间布局造成一定影响，即人为景观的数量和质量将会有所变化，最终对城市景观的空间布局形成影响。例如，建设用地面积的增加，在破坏自然景观的同时，人为景观的数量、类型、结构等均有所变化，最终影响着城市景观的空间布局。

三、土地利用变化对景观格局的影响研究方法

不同的景观类型在保护和维持物种多样性、完善整体结构和功能、促进景观结构自然演替等方面具有不同的作用，对外界干扰的抵抗能力亦有所不同。

土地利用变化对景观格局的影响主要包括空间分布、空间变化度、空间功能性以及景观斑块的管理规划等方面，进而揭示出研究区域的空间异质性。

景观格局的定量分析方法包括景观格局指数法、景观格局分析模型等，我们可以通过这些方法研究土地利用变化对景观格局的影响。

（一）景观格局指数法

景观格局指数是指可以全面从景观格局中提炼出的相关信息，它可以定量反映景观格局的结构组成和配置特征。

1.景观格局指数的具体指标

（1）景观破碎度。景观破碎度是指景观被分割的破碎程度，它反映了景观空间结构的复杂性，同时反映了人类对景观的干扰程度，是生物多样性丧失的重要原因之一。简单来说，景观破碎度是自然或人为干扰所导致的景观趋向于复杂、不连续和异质的斑块镶嵌体过程，其公式如下。

$$C_i = N_i / A_i$$

其中，C_i 为景观 i 的破碎度。

A_i 为景观 i 的总面积。

N_i 为景观 i 的斑块数。

（2）景观分离度。景观分离度是指某一景观类型中不同斑块数个体分布的分离度，其公式如下。

$$V_i = D_{ij} / A_{ij}$$

其中，V_i 为景观类型 i 的分离度。

A_{ij} 为景观类型 i 的面积指数。

D_{ij} 为景观类型 i 的距离指数。

（3）干扰强度和自然度。干扰强度和自然度是指外界因素对景观的影响程度。其中，干扰强度表示人类的干扰作用，其干扰强度越小，越有利于生物多样性的维持，具有重要的生态意义，其公式如下。

$W_i = L_i / S_i$（干扰强度）

$N_i = 1/ W_i$（自然度）

其中，W_i 表示干扰强度，L_i 是指 i 类生态系统内廊道（公路、铁路、堤坝、沟渠）的总长度，S_i 是指 i 类生态系统的总面积；N_i 是 i 类生态系统类型的自然度。

（4）景观多样性指标。景观多样性指标反映绿地景观类型的复杂度和丰富度，是指景观元素在结构和功能等方面的多样性，其公式如下。

$$H=-\sum_{i=1}^{m}(P_i)(\log_2 P_i)$$

其中，H 为多样性指数。

m 为景观类型数目。

P_i 是景观类型 i 所占面积的比例。

H 值越大，则表示景观的多样性越大。

（5）优势度和均匀度。优势度和均匀度是描述景观类型控制的程度，可以彼此进行验证。其中，优势度和多样性指标呈反比，在相同类型的景观中，其多样性指标越大，则优势度越小。

（6）分维数。分维数指标反映着景观的斑块类型和数量，其公式如下。

$$D=2\ln(P/4)/\ln(A)$$

其中，D 表示分维数。

A 为斑块面积。

P 为斑块周长。

D 的数值越大，则表明斑块形状越复杂，D 值的理论范围为 1.0 ～ 2.0，1.0 代表形状最简单的正方形斑块，2.0 表示等面积下周边最复杂的斑块。

（7）聚集度指数。聚集度指数描述的是景观里不同斑块类型的团聚程度或延展趋势，其公式如下。

$$RC=1-C/C_{\max}$$

其中，RC 是相对聚集度指数，取值范围为 0 ～ 1 之间。

C 为复杂性指数。

$C_{\max}$ 是 C 的最大可能取值。

2. 景观格局指数法的原理

景观格局指数法将区域不同的生态结构划分为景观单元斑块，通过对景观空间格局的特征指数进行分析（包括景观破碎度、景观分离度等），进而从宏观角度分析出区域生态环境的整体状况。

3. 景观格局指数法的作用

计算区域的景观指数，可以帮助研究者理解和评价区域的景观现状和土地利用格局，其作用如下。

（1）分析该区域的土地利用演变趋势和景观格局变化。

（2）剖析发生上述变化的驱动因子和发展趋势，有利于为区域的后续规划提供参考。

（3）增加对规划区景观的理解程度，并引入新的景观要素或重新组合现有的景观要素，以增加景观异质性和稳定性。

（二）景观格局分析模型

景观格局分析模型是指针对景观而建立的模型。通过这些模型，研究者可以分析出景观格局的动态变化，同时可以模拟景观格局的演变过程和演变机制，预测出景观格局的发展趋势。因此，景观格局分析模型具有重要的作用和价值。

常见的景观格局分析模型有 Markov 模型、CA-Markov 模型等，它们均可以对区域景观格局进行分析和预测，从而有助于及时调整区域景观布局和空间结构，实现区域可持续发展。

综上所述，我国有必要调整土地利用的空间布局，在实现“严守 18 亿亩耕地红线”的基础上，合理划定生态红线，完成区域土地利用的空间布局调整和转型。

第五节　土地利用变化对碳排放的效应和影响研究案例

当前对于五台山地区的研究多集中于土地利用变化及生态服务系统价值方面，而缺乏对区域土地利用碳排放的研究。因此，本节以五台山地区为例研究土地利用变化对碳排放的影响，应用土地利用碳排放模型对五台山区域近 15 年土地利用碳排放进行测算，进而为实现区域土地资源的合理管理、科学决策提供参考依据。

一、研究方法

土地利用由于覆被不同决定了其碳循环过程也不同。耕地既可以利用地上绿色植物的光合作用不断吸收碳作为碳汇，又可以通过呼吸作用将碳释放到大气中以及因在生产过程中消耗大量的农药、化肥、地膜等物资作为碳源，但是研究表明耕地作为碳源释放碳量远大于其碳汇作用，同时建设用地在使用过程中会消耗大量的能源，因此本研究将耕地和建设用地作为碳源进行碳排放测定，而另一些土地，如林地、草地在植物生长过程中则会吸收大气中的二氧化碳，水域中的植被同样能够利用大气中的二氧化碳，因此林地、草地和水域是主要的碳汇。

（一）直接碳排放法

参考前人研究成果（表3-2），耕地、水域、林地和草地的碳排放量采用直接碳排放系数法计算，计算公式为：

$$E_k = \sum_{i=1}^{n} T_i \times \delta_i (i=1，2，3，4，5)$$

式中：E_k 表示非建设用地碳排放量（t）；T_i 表示各种土地利用类型的面积（hm^2）；δ_i表示各种土地利用类型的碳排放系数，根据相关学者的研究成果，本研究中耕地、林地、草地、水域、未利用地的碳排放系数分别确定为 0.422 t/hm^2、−0.57 t/hm^2、−0.025 3 t/hm^2 和、0.021t/hm^2，−0.005 t/hm^2， 其中负值代表碳汇，正值代表碳源。

表3-2 主要土地利用类型碳排放系数

土地利用类型	碳排放系数（$t \cdot hm^{-2}$）
耕地	0.422
林地	−0.57
草地	−0.021
水域	−0.025 3
未利用地	−0.005

（二）间接碳排放法

建设用地碳排放量采用间接估算法进行计算，主要依据《忻州统计年鉴》中社会生产生活运行所消耗的石油、煤炭、天然气等能源的统计数据，将其转换为标准煤消耗量，再计算各能源消耗量的碳排放系数（表 3-3）相乘，即可得到建设用地的碳排放量，建设用地碳排放的估算公式为：

$$E_c = \sum C_{\text{fue}} = \sum_{i=1}^{n} E_i \times Q_i \times f_i (i = 1, 2, 3, \cdots, 8)$$

式中：E_C 为建设用地的碳排放总量（t），C_{fue} 为各种化石能源消耗产生的碳排放量（t、10^4 m^3），E_i 为各种化石能源的消耗量，Q_i 为各种化石能源折算标准煤系数，f_i 为各种化石能源的碳排放系数。

表 3-3　主要能源折标系数及碳排放转化系数

能源类型	标准煤折算系数	碳排放系数
原煤	0.714 3 kgce/kg	0.755 9 kg/kgce
焦炭	0.971 4 kgce/kg	0.855 kg/kgce
原油	1.428 6 kgce/kg	0.585 7 kg/kgce
燃料油	1.428 6 kgce/kg	0.618 5 kg/kgce
汽油	1.471 4 kgce/kg	0.59 kg/kgce
柴油	1.457 1 kgce/kg	0.59 kg/kgce
天然气	12.143 kgce/m^3	0.448 3 kg/kgce
电力	0.122 9 kgce/kw・h	0.213 2 kg/kgce

数据来源：《2006 年 IPCC 国家温室气体清单指南》中的能源碳排放系数 .

二、研究区域土地利用碳排放变化

（一）土地利用碳排放时间变化

基于五台山地区土地利用转移矩阵及碳排放系数，本研究分别测算得到 2005、2010、2015 和 2020 年土地利用的碳排放量，如图 3-5 所示。

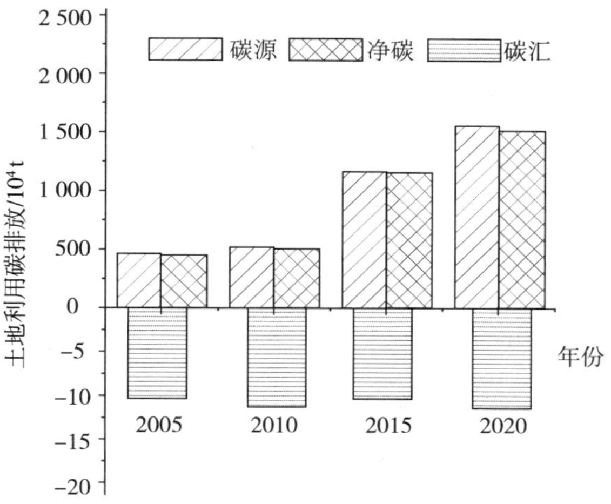

图 3-5　2005—2020 年区域土地利用碳源、碳汇量

五台山地区受碳源、碳汇共同影响的土地利用净碳排放总体呈上升趋势，近 15 年间共增加了 1 522.08 万 t，年均增长幅度为 117.08 万 t。其中，耕地和建设用地的碳排放量总体由 2005 年的 463.93 万 t 增加至 1 987.12 万 t，呈波动上升趋势。而林地、草地、水域和未利用地的碳吸收总量由 2000 年的 10.24 万 t 上升为 2020 年的 11.35 万 t，表明区域碳源在不断增强的同时，区域碳汇也在不断增加，林地作为具有碳汇作用的地类，其面积在近 15 年呈不断上升趋势，这与区域山水林田湖草综合治理、退耕还林还草等生态工程的实施具有密切的联系。2000—2020 年五台山地区大力发展第二、三产业，第二、三产业总产值由 2005 年的 82.59 亿元上升为 2020 年的 306.46 亿元，产业发展对化石能源需求激增，使化石能源的消耗迅速上升，进而使区域碳排放量相应增加，而且区域建设用地碳源效应大于耕地碳源效应。

2005—2020 年，区域具有碳汇作用的地类中，除水域和未利用地碳吸收总量呈小幅上升的趋势外，林地、草地的碳吸收总量也呈波动上升趋势，如图 3-6 所示。

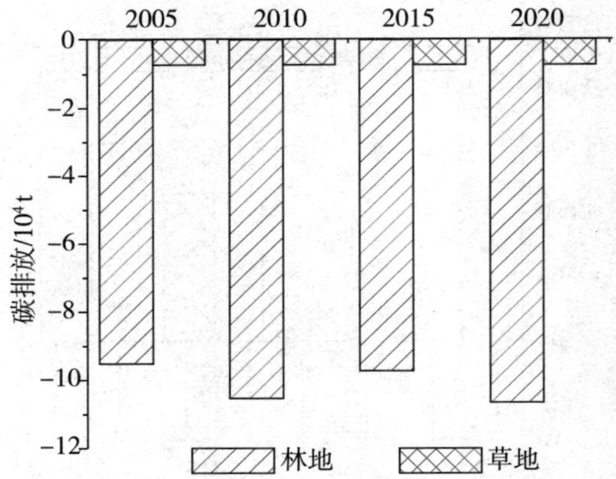

图 3-6　2005—2020 年五台山地区林地、草地碳排放量

林地和草地的碳排放量占比呈不断下降趋势，占比由 2005 年的 2.15% 下降到 2015 年的 0.89%，再降至 2020 年的 0.56%，如图 3-7 所示。其间林地和草地持续向建设用地和耕地转移，而耕地和建设用地为碳源地类，同时建设用地持续扩张，区域能源消耗逐年上升，建设用地碳排放量及占比呈持续增高趋势，导致林草地碳吸收量占比下降。

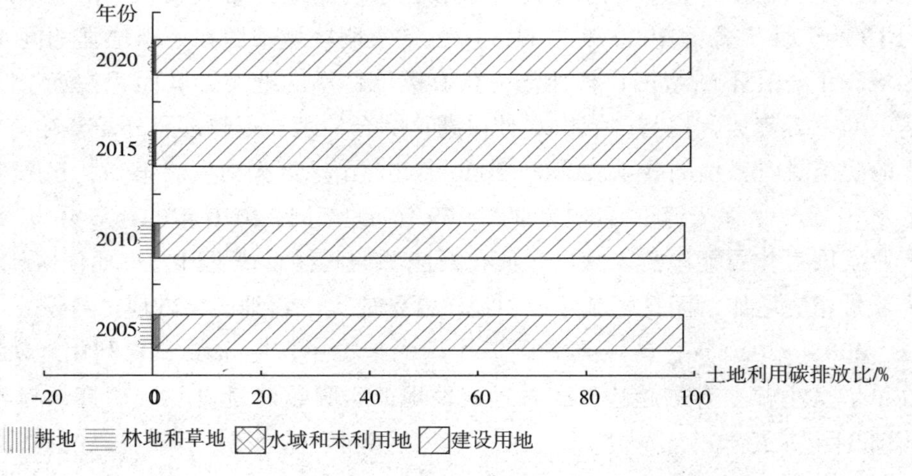

图 3-7　五台山地区土地利用碳排放变化及其占比

2005–2020 年，区域具有碳汇作用的地类中，水域和未利用地的碳吸收量远小于林地和草地的碳吸收量，水域的碳吸收总量呈现先上升后下降的趋势，未利用地碳吸收总量变化幅度较小，如图 3-8 所示，通过河道治理工程

水域面积呈现增加趋势，同时近年来区域年平均降雨量减少，使水域面积又呈现缩减趋势，导致水域碳吸收量降低。

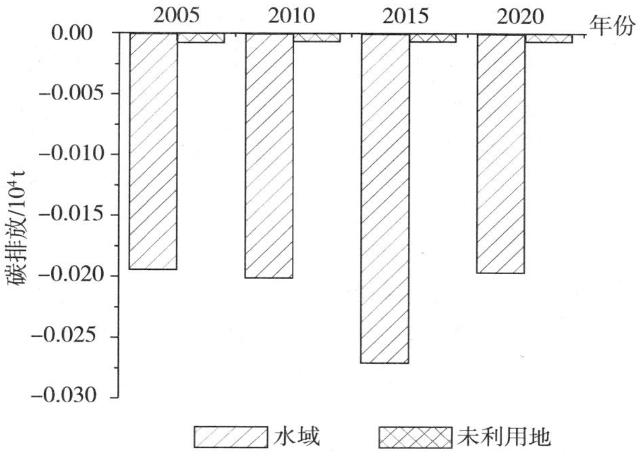

图 3-8　2005—2020 年五台山地区水域及未利用地碳排放

2005-2020 年，建设用地碳排放量呈现增加趋势，而且后期增幅远大于前期增幅，耕地碳排放量呈现先减少后增加的趋势，如图 3-9 所示。

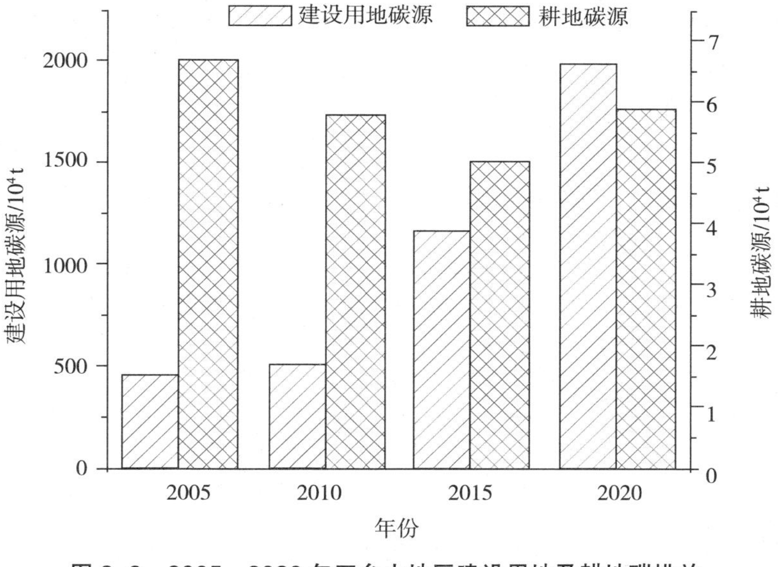

图 3-9　2005—2020 年五台山地区建设用地及耕地碳排放

城乡建设过程中位于城镇周边的耕地被用作建设用地，导致耕地面积减少，相应的耕地碳排放量也不断减少，而生产建设用地面积增加，能源消耗增加，导致建设用地碳排放量大幅增加。

（二）土地利用转移的碳传导效应

依据土地利用转移矩阵及各地类的碳源（碳汇）系数，本研究得到不同时期土地利用转移的碳排放传导量。2005—2020 年各时段土地利用转移的碳传导效应表现为先增加后减少的变化特征，土地利用与土地覆盖变化所带来的碳排放量由前期（2005—2010 年）的 191.94 × 10^4 t 上升至中期(2010—2015 年)的 1 077.28 × 10^4 t，之后又下降为后期的（2015—2020）的 112.82 × 10^4 t，建设用地碳源地类对各时期的碳排放均起决定作用，其中耕地、林地和草地向建设用地转移产生的碳传导效应最为显著。由耕地、林地和草地转移到建设用地引起的碳传导效应在前期为 135.46 × 10^4 t，占碳排放总量的 70.58%；中期增加到 473.85 × 10^4 t，占碳排放总量的 52.72%；之后下降为 155.83 × 10^4 t。前期耕地转移至建设用地的碳传导幅度大于草地转移至建设用地的碳传导幅度。中后期草地转移至建设用地的碳传导幅度大于耕地转移至建设用地的碳传导幅度。水域、林地和未利用地转出引起的碳传导效应同样呈先上升后下降的趋势，与耕地和草地的碳传导效应相似，其中，除林地向建设用地转移产生较大的碳传导效应外，水域和未利用地转出产生的碳传导效应均较小（表 3-4、表 3-5、表 3-6），这与两种土地利用类型的面积和碳排放系数较小有关。

表 3-4　2005—2010 年五台山地区土地利用类型转移的碳排放传导效应

单位：10^3 t

土地利用类型	耕　地	林　地	草　地	水　域	建设用地	未利用地	转出碳
耕地	0.00	−1.83	−7.10	−0.78	759.01	−0.02	749.29
林地	−0.01	0.00	0.37	0.01	213.22	0.00	213.60
草地	0.27	−9.50	0.00	0.00	382.40	0.00	373.17
水域	0.02	−0.25	0.01	0.00	−1.04	0.00	−1.26
建设用地	−22.31	−67.31	−263.85	−22.61	0.00	0.00	−376.08
未利用地	0.00	−0.05	0.00	0.00	1.02	0.00	0.97
转入碳	−22.03	−78.93	−270.57	−23.38	1 354.61	−0.02	
总计	727.26	134.67	102.60	−24.64	978.53	0.95	1 919.37

表 3-5　2010—2015 年五台山地区土地利用类型转移的碳排放传导效应

单位：10^3 t

土地利用类型	耕　地	林　地	草　地	水　域	建设用地	未利用地	转出碳
耕地	0.00	1.77	6.34	0.75	2 018.01	0.02	2 026.89
林地	0.19	0.00	9.48	0.25	942.67	0.05	952.64
草地	1.77	2.19	0.00	0.01	2 720.41	0.00	2 724.38
水域	0.02	0.02	0.00	0.00	104.30	0.00	104.34
建设用地	−351.69	−9.26	−56.69	−2.19	0.00	−3.70	−423.53
未利用地	0.00	0.00	0.00	0.00	23.84	0.00	23.84
转入碳	−349.71	−5.28	−40.87	−1.18	5 809.23	−3.63	
总计	1 677.18	947.36	2 683.51	103.16	5 385.70	20.21	10 817.12

表 3-6　2015—2020 年五台山地区土地利用类型转移的碳排放传导效应

单位：10^3 t

土地利用类型	耕　地	林　地	草　地	水　域	建设用地	未利用地	转出碳
耕地	0.00	−0.14	−0.52	−0.05	974.57	0.00	973.87
林地	2.01	0.00	0.84	0.03	41.50	0.00	44.39
草地	6.87	−9.72	0.00	0.00	542.26	0.00	539.42
水域	0.79	−0.24	0.01	0.00	7.52	0.00	8.07
建设用地	−1 002.19	−295.11	−676.80	−46.11	0.00	−0.11	−2 020.33
未利用地	0.02	−0.05	0.00	0.00	5.72	0.00	5.68
转入碳	−992.51	−305.26	−676.47	−46.13	1 571.58	−0.11	
总计	−18.64	−260.87	−137.06	−38.05	−448.75	5.57	−897.8

在区域碳源地类向碳汇地类转移的过程中，建设用地向耕地和草地转移产生的碳汇值占比最高。在 2005—2010 年期间由建设用地转移至碳汇地类所增加的碳吸收量为 37.61×10^4 t，2010—2015 年建设用地转出增加的碳汇为 41.98×10^4 t，2015—2020 年建设用地转出增加的碳汇为 202.03×10^4 t，由建设用地转出增加的碳吸收量总体呈上升态势。近年来，工矿用地及建设用地经过土地复垦及土地整理措施，转出为耕地、林地和草地，可以在一定程度上缓解区域逐步减弱的碳汇压力，与其他地类向建设用地转入增加的碳

源量之间的差值日益缩小，2015—2020 年建设用地转出的碳汇量首次超越因建设用地扩张导致的碳排放量，耕地和林地转出的碳排放量日益减少，区域土地利用变化导致的总碳排放量逐年减少。

（三）区域各县的碳排放量变化

在研究区域各县中，建设用地碳排放总量呈波动上升趋势，其中，2020 年繁峙县建设用地碳排放量最高为 110.50×10^4 t，代县碳排放量次之，为 109.69×10^4 t，五台县碳排放量最少为 86.27×10^4 t。2005—2010 年各县建设用地碳排放总量均呈大幅上升趋势，其中，繁峙县碳排放量上升幅度最大；2010—2015 年各县建设用地碳排放总量均呈小幅下降趋势，繁峙县碳排放量下降幅度最大；2015—2020 年各县建设用地碳排放总量又呈小幅上升趋势，其中繁峙县建设用地碳排放量上升幅度最大，代县建设用地碳排放量上升幅度居中，五台县建设用地碳排放量上升幅度最小。后期建设用地碳排放量增加幅度明显小于前期增加幅度，说明区域更加注重节能绿色发展，而且五台县在生产过程中对能源的利用率有所提高（表 3-7、表 3-8）。

表 3-7　2015—2020 年五台山地区各县建设用地碳排放量

单位：10^4 t

年　份	繁峙县	代　县	五台县	总　和
2005	28.09	30.78	23.72	82.59
2010	116.64	112.89	79.59	309.12
2015	88.12	90.49	67.37	245.98
2020	110.50	109.69	86.27	306.46

表 3-8　2005—2020 年五台山地区各县碳排放量

单位：10^4 t

年　份	地　区	碳　源	碳　汇	净碳量
2005	代县	32.50	−3.42	29.08
	繁峙县	30.56	−3.36	27.20
	五台县	25.02	−4.83	20.20

续　表

年　份	地　区	碳　源	碳　汇	净碳量
2010	代县	114.77	−3.17	111.60
	繁峙县	119.15	−3.57	115.59
	五台县	81.01	−4.70	76.31
2015	代县	92.10	−2.91	89.19
	繁峙县	90.29	−3.21	87.08
	五台县	68.56	−4.40	64.16
2020	代县	111.49	−3.14	108.35
	繁峙县	113.07	−3.42	109.65
	五台县	87.70	−4.78	82.93

2005—2020年五台山地区碳排放量整体呈现波动上升的趋势，繁峙县碳排放量位于区域碳源量的首位，且呈先上升后下降再上升的趋势，而且上升与下降幅度在区域中最大；其次为代县，县域碳排放量呈先上升后下降再上升的趋势；五台县碳源量最低，呈现相同的变化趋势，五台县碳排放整体变化幅度较其余县要小一些，如图3–10所示。

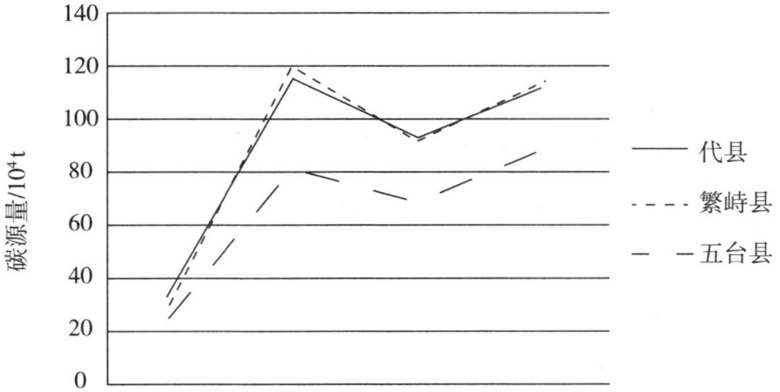

图3–10　2005—2020年五台山地区各县碳源量

2005—2020年五台山地区碳汇量整体呈现先下降后上升的趋势，五台县碳汇量位于区域碳汇量的首位，且呈先下降后上升的趋势；其次为繁峙县，县域碳汇量呈先上升后下降再上升的趋势；代县碳汇量最低，而且呈现先下降后上升的趋势，如图 3-11 所示。

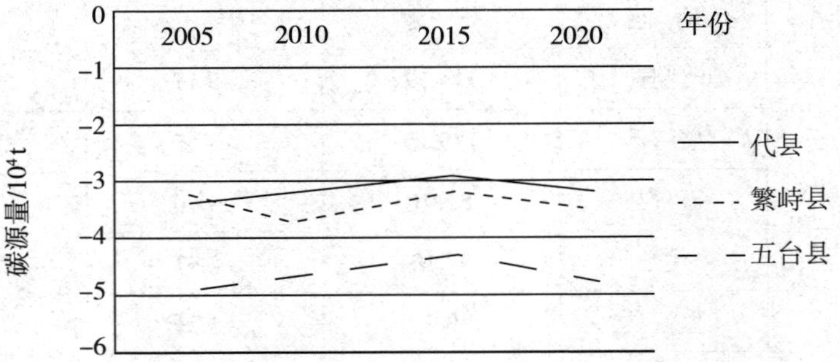

图 3-11　2005—2020 年五台山地区各县碳汇量

2005—2020 年区域净碳排放量由高到低依次为繁峙县、代县、五台县，各县净碳排放量均呈现波动升高趋势，如图 3-12 所示。

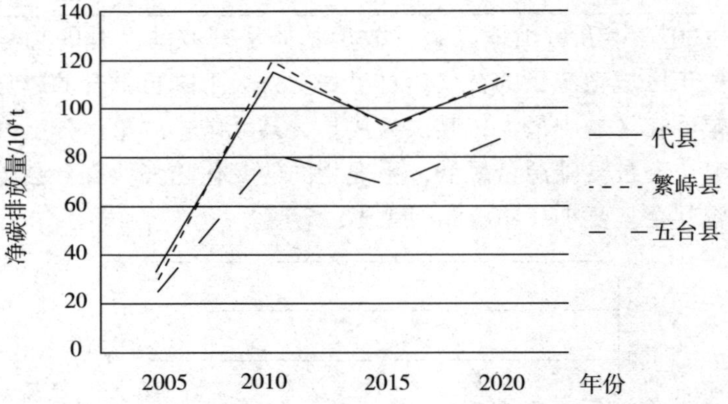

图 3-12　2005-2020 年五台山地区各县净碳排放量

三、结果与分析

（1）2005—2020 年五台山地区土地利用格局的变化直接影响着区域碳效应。15 年间土地利用与土地覆盖变化所带来的碳排放量比碳吸收量多 4 096.45 × 10^4 t，其中碳汇总量为 43.41 × 10^4 t，碳源总量为 4 139.86 × 10^4 t；这一期间的建设用地面积先增加后减小，碳排放总量呈不断增加趋势，同时碳排放系数较高的燃料油和焦炭用量下降，能源结构不断优化，汽油、柴油的消耗量大幅增加；碳排放量增加速率降低。前期耕地向建设用地转移产生的碳排放量逐年增加，后期耕地向建设用地转移的碳排放量减少。林地、草地向建设用地转移的碳排放量先增加后降低。

（2）要实现区域碳中和的目标，需要不断优化区域的土地利用结构，增加碳吸收地类的布局，限制碳排量大的土地利用类型的数量；同时应优化建设用地的能源结构，推动区域的产业转型与产业升级，减少建设用地的碳排放量。区域政府管理部门应加强监督管理，严格控制建设用地的增量，严格落实做好建设用地增减挂钩工作，同时发挥城市规划的引导作用，使建设用地布局在空间上实现集中连片，发挥建设用地的规模效益，防止建设用地的无序扩张。同时，自然资源管理部门应通过水土保持工程措施、植被的培育措施增加对林地、草地的培育和保护。在目前的能源消费中，高碳排放系数的汽油和柴油的消费量大幅上升，政府应该通过各种宣传措施引导区域民众的绿色消费理念，倡导低碳生活方式，从而在生产和生活等各个环节严格限制碳排放，实现区域的可持续发展。

第六节 土地利用变化对景观格局的效应和影响研究案例

土地利用变化会对区域的景观格局形成一定的效应和影响，随着遥感技术和地理信息系统的发展，在景观生态学理论的基础上利用景观格局指数对大尺度区域空间格局的变化进行定量分析，可以为区域山水林田湖草综合治理提供参考。

因此，本节以五台山地区为例研究土地利用变化对景观格局的影响，分析土地利用变化和景观格局的内在逻辑，通过要素、类型、景观三个层次对五台山地区土地利用景观格局指数的变化进行研究，旨在了解五台山区域生态系统的变化过程，同时为改善区域生态环境，促进区域可持续发展提供科学依据。

一、研究区概况

五台山地区位于山西省忻州市的东北部，被誉为“华北屋脊”，属于前震旦纪早期隆起的轴心部分。五台山地貌类型多样，包括断块高中山地、河谷沟川区以及属于积陷盆地的山间黄土台地，高中山地区山峦重叠，海拔高度差异在 1 000 ～ 1 500 m，五台山北台顶主峰海拔为 3 061.1 m，其主脉走向为东北至西南，五台山地区东起太行山脉，向西延伸；台地地区海拔高度为 700 ～ 1 200 m, 主要为农业人口聚集区和农业种植区，河谷两侧的低山丘陵区，主要为农林种植区。

五台山地区地理位置介于 38°27′ 至 39°15′ N、112°48′ 至 113°55′ E 之间，涉及繁峙县、代县和五台县，面积为 6 955.5 km^2。境内属于暖温带湿润半湿润气候区，年降雨量 400 mm，主要集中在夏季，年平均气温 –4 ℃，一月气温最低、七、八月气温最高。植被覆盖以高寒针叶林、亚高山草甸为主，境内土壤类型多样，高海拔地区主要以高山草甸土、亚高山草甸土和山地棕壤为主，中海拔地区则以山地淋溶褐土、山地褐土和粗骨土为主，低海拔地区以褐土、山地褐土为主。土地以宜种植林地、宜放牧为主，宜于农作物生长的土地少且水土流失严重。五台山是世界文化景观遗产，也是国家 5A 级旅游景区、国家森林公园和国家地质公园。随着旅游业的发展和当地居民生产、生活活动的影响，五台山地区土地利用与土地覆盖发生了较为明显的变化，主要表现为草地退化、森林环境遭到破坏。

不同学者从宏观和微观的不同角度对五台山地区的生态环境进行研究：高艳珍等对五台山生态关联区生态足迹和承载力进行研究，发现 2010—2018 年区域生态环境由盈余转向赤字，生态压力指数逐渐增加，五台山可持续发展面临诸多挑战；张慧琳等利用生态敏感性 – 生态恢复力 – 生态压力度对五台山地区生态脆弱性进行评价，得到不同土地利用类型的生态脆弱性特征及区域生态脆弱性的空间部分特点；吴艳军等通过研究旅游踩踏对五台山山地草甸自然保护区土壤质量的影响，发现土壤团聚体的分形维数、土壤容重值、土壤硬度、土壤 pH 都随着踩踏程度的增加而逐渐增加，并对不同土地利用方式下 0 ～ 20 cm 及 20 ～ 40 cm 土层的土壤理化性质进行比较，包括土壤团聚体分形维数、土壤容重、pH、全磷含量、有机质含量、有机质贮量、全氮含量、碱解氮含量；罗德民等以大量史料记载阐明了对五台山土地利用的历史；刘秀丽从土地利用变化的数量和程度两个方面对五台山地区的土地利用变化进行了研究。

综上，利用遥感技术对大范围区域土地利用变化进行监测，具有时间、空间维度数据信息获取便捷的优势，因此利用遥感影像，利用监督分类方法对2005—2010年区域土地利用覆被的时空变化进行分析，掌握区域土地利用变化的特征对研究制定区域可持续发展对策具有重要意义。

二、数据来源和研究方法

（一）数据来源

本研究基于2005年、2010年、2015年和2020年的Landsat遥感影像，在ENVI 5.2软件中经过几何校正、影像配准、影像裁剪等预处理后再进行监督分类，依据全国《土地利用现状调查技术规程》结合研究区实际情况，将区域土地利用类型划分为耕地、林地、草地、水域、建设用地以及未利用地6种，结合实地调查数据，分别得到2005年、2010年、2015年及2020年这4期研究区土地利用与土地覆盖变化数据。各期遥感影像解译Kappa系数均在0.85以上。

（二）研究方法

1. 单一土地利用动态度

该指标用于反映研究区域某种土地利用类型的动态变化程度，其计算公式如下：

$$D=\frac{U_b-U_a}{U_a}\times\frac{1}{T}\times100\%$$

式中：D为某段时间内某种土地利用类型的变化速率，U_a、U_b分别为研究初期和末期选定土地利用类型的面积，T为研究时长，以年为单位计。

2. 综合土地利用动态度

$$L_C=\frac{\sum_{i=1}^{n}\Delta LU_{i-j}}{2\sum_{i=1}^{n}LU_i}\times\frac{1}{T}\times100\%$$

式中：ΔLU_{i-j}表示研究期内第i种土地利用类型转为第j种土地利用类型的面积。

3. 景观格局指数

本研究利用Fragstats4.2软件计算类型水平、景观水平的不同景观格局指数。为了研究五台山地区2005—2020年景观格局变化特征，在参考前人研究成果的基础上结合研究区实际，本研究分别在类型水平下选取以下景观指数：反映景观数量变化的斑块类型百分比（percentage of landscape，PLAND）和斑块数量（number of patches，NP），反映景观破碎化程度的斑块密度（patch density，PD）、边缘密度（edge density，ED）、平均斑块面积（patch area，AREA_MN）、边缘面积比（perimeter-area ratio，PARA_MN）、聚集度指数（aggregation index，AI）；在景观水平上选取斑块数（NP）、斑块密度（PD）、最大斑块指数（LPI）、蔓延度（CONTAG）和香农均匀度指数（SHEI）。

三、结果与分析

（一）研究区类型水平景观格局特征

2005—2020年间，研究区第一优势景观类型为草地，其斑块数量和斑块类型百分比呈减少趋势，斑块数量减少率为71.90%，在各斑块类型斑块数量变化率排名中仅次于水域的斑块数量变化率，而且斑块密度呈现不断减少的趋势，平均斑块面积呈增加趋势，表明草地景观总体斑块的破碎程度逐步降低，草地逐步呈现片状分布，最大斑块指数和边缘密度产生先增加后减少的变化，表明人类活动作用斑块中心面积呈现先减少后增加的趋势，导致草地景观的布局和形状更加复杂化；第二优势景观类型为林地，其斑块数量减少率为21.01%，斑块密度呈波动下降趋势，林地整体的破碎化程度同样呈现降低趋势；第三优势景观为耕地，2005—2015年耕地斑块类型百分比不断下降，耕地斑块数量增加，说明区域耕地面积在不断减少的同时耕地破碎化程度日益加重，后期耕地斑块类型百分比上升而斑块数量减少，表明区域耕地空间分布趋于集中，近年来区域通过实施土地整治工程，使区域耕地逐渐集中连片；水域的斑块类型百分比逐渐增大，水域斑块数量增加，尤其是2010—2015年间，区域实施了水域生态保护和修复工程，对水域范围进行了一系列的蓄水、河道疏浚拓宽工程，使水域的破碎度降低，连通性增强，同时其形状的复杂度也随之增加。建设用地主要在原有的基础上进行了扩张，同时斑块数量增加，斑块密度增加，区域建设用地呈聚集式扩张，而区域未利用地的斑块数量不断降低，但整体变化不明显，见表3-9。

表 3-9　研究区类型水平景观指数值

年　份	景观类型	PLAND	NP	PD	LPI	ED	AREA_MN	AI
2005	耕地	22.686 7	1 160	0.166 7	11.846 9	19.011 2	136.108 9	93.762 8
2010		19.666 5	1 946	0.279 7	5.493 4	19.877 2	70.312 1	92.474
2015		17.072	3 644	0.523 6	2.269 3	18.687 5	32.605 1	91.849 7
2020		19.785 1	1 798	0.258 7	4.809 3	19.927 8	76.480 6	92.499 8
2005	林地	23.992 8	2 447	0.351 6	2.148 4	17.997 5	68.237 3	94.330 5
2010		26.634 4	2 001	0.287 6	2.284 5	18.773 1	92.606 4	94.671 2
2015		24.660 8	2 346	0.337 1	2.257	17.992 3	73.157 2	94.486 1
2020		26.860 7	1 933	0.278 1	2.369 8	18.567 9	96.580 3	94.767 5
2005	草地	50.316 5	2256	0.324 2	37.419 9	31.825 9	155.219 1	95.249 3
2010		50.267 3	643	0.092 4	37.534 2	33.233 7	543.901 4	95.036 9
2015		52.585 3	509	0.073 1	40.208 7	31.342 5	718.993 4	95.523 9
2020		48.459 8	634	0.091 2	32.506 8	32.588 1	531.246 9	94.951 7
2005	水域	1.117 7	719	0.103 3	0.042 5	3.067 7	10.818 2	79.640 9
2010		1.147 9	205	0.029 5	0.082 9	3.21	38.957 3	79.243 7
2015		1.565 2	150	0.021 6	0.134 2	3.198 5	72.622 2	84.875 2
2020		1.13	196	0.028 2	0.083 6	3.173 4	40.072	79.156 6
2005	建设用地	1.726 2	813	0.116 8	0.075 5	2.306 7	14.776 9	90.214 1
2010		2.158 1	949	0.136 4	0.116 6	2.87	15.821 9	90.240 3
2015		3.952 9	107 3	0.154 2	0.161 3	4.366 1	25.638 3	91.873 3
2020		3.644 1	113 9	0.163 9	0.211 7	4.311 4	22.236 8	91.291 6
2005	未利用地	0.160 1	92	0.013 2	0.018 7	0.308 7	12.113 8	86.305 7
2010		0.125 7	95	0.013 7	0.012 9	0.296 5	9.206 5	83.147 9
2015		0.163 8	84	0.012 1	0.019 2	0.297 2	13.572 9	87.156 5
2020		0.120 3	86	0.012 4	0.013	0.282	9.719	83.265 3

（二）研究区景观格局分析

由表 3-9 可知，五台山地区 2005—2020 年斑块数由 7 487 波动下降到 5 786。斑块密度（PD）波动下降，说明区域景观破碎化程度降低；最大斑块指数呈先增加后减小趋势，标志着区域各景观类型的分布由高度异质化逐渐向均匀化发展。蔓延度（CONTAG）指数下降，由 2005 年的 60.547 5 下降到 2020 年的 58.747 6，表明区域景观破碎化程度增加。香农均匀度指数 (SHEI) 均大于 0.64，表明各景观分布较均匀，多样性较大，优势度较低，景观中没有明显的优势景观类型。斑块个数（NP）呈波动下降趋势，区域景观破碎度低，见表 3-10。

表 3-10　研究区类型水平景观指数值

年　份	NP	PD	LPI	CONTAG	SHEI
2015	748 7	1.075 8	37.419 9	60.547 5	0.644 7
2010	583 9	0.839 3	37.534 2	60.103 8	0.647 6
2015	780 6	1.121 6	40.208 7	59.400 4	0.663 2
2020	578 6	0.832 5	32.506 8	58.747 6	0.672

在景观水平上，区域总体景观破碎化程度降低，受人类活动影响程度减弱。在类型水平上，草地和林地是优势景观类型，而且草地和林地的破碎化程度降低，林地、草地生态恢复形成连片趋势，耕地破碎化程度由前期较为严重转为后期破碎化程度减轻，水域破碎化程度有所降低，建设用地也在连片扩张。

第四章　区域土地利用变化系统研究

土地利用并非静止不动，而是时刻处于变化之中，因此有必要掌握和了解土地利用的变化过程及其效应，这是科学合理利用土地资源的前提和保障。

本章主要介绍区域土地利用变化系统和理论，包括我国土地利用类型及变化类型等基础知识，并在此基础上分析区域土地利用变化系统及组成，重点阐述土地利用变化相关理论，以更好地帮助读者了解土地利用变化规律。

第一节　土地利用类型及变化类型

我国土地利用类型多样，根据土地用途的不同，可以将其分为耕地、林地、草地等。

一、我国土地利用类型

我国的土地利用类型的最早的划分应该是“农用地”和“非农用地”。我国1984年发布的《土地利用现状调查技术规程》制定了“土地利用现状分类及含义”等。在该规程中，土地利用现状分类的主要依据是“土地的用途、经营特点、利用方式和覆盖特征等因素”。同时，该规程中还规定了全国土地利用现状采用两级分类，统一编码排列，其中一级分八类，即耕地、园地、林地、牧草地、居民点及工矿用地、交通用地、水域、未利用土地。

1998年发布的《土地管理法》(已于2004年修正)，将土地分为农用地、建设用地以及未利用地三类，进一步明确农用地、建设用地和未利用地的范围和与土地分类的衔接。

2002年，在我国制定的《土地分类》（试行）中，一级类设为三个，即农用地、建设用地、未利用地，其中耕地、园地、林地、牧草地及新设的“其他农用地”五个地类共同构成农用地。

2007年，我国制定《土地利用现状分类》国家标准，其目的在于统一土地分类体系。其中，一级类主要按照土地用途进行分类，二级类则按照经营特点、利用方式和覆盖特征进行续分，所采用的指标具有唯一性。

根据2007年制定的《土地利用现状分类》国家标准，可以将我国现行的土地类型在12大类的基础上归并划分为耕地、园地、林地、草地、建设用地、水域及水利设施用地、其他土地七大类，其含义见表4-1。

表4-1　我国土地利用类型和含义

类　型	含　义
耕地	种植农作物的土地
园地	种植以采集果、叶、根、茎、汁等为主的集约经营的多年生木本和草本作物，覆盖度大于50%或每亩株数大于合理株数70%的土地，包括用于育苗的土地
林地	生长乔木、灌木、竹类的土地，以及沿海生长红树林的土地。包括迹地，但不包括居民点内部的绿化林木用地，铁路、公路征地等范围内的林木，以及河流、沟渠的护堤林
草地	生长草本植物为主的土地
建设用地	包括以下几类：一是商服用地；二是工矿仓储用地；三是住宅用地；四是公共管理与公共服务用地；五是交通运输用地；六是特殊用地，即用于军事设施、宗教、殡葬、涉外、监教等的土地
水域及水利设施用地	陆地水域、海涂、沟渠、水工建筑物等用地，但不包括已经开垦滩涂中的耕地、林地、园地、居民点、道路等用地和滞洪区
其他土地	除上述用地类型以外的其他土地

现阶段，考虑到土地利用对生态的影响，我们将2007年的《土地利用现状分类》国家标准的土地利用类型，同时结合《土地管理法》，将土地重新划分为三大类：一是农用地，包括耕地、以提供牧产品为主的草地和滩涂、以提供林产品为主的林地等；二是生态用地，包括生态草地、生态林地、湿地等以发挥生态功能为主的用地；三是建设用地，包括建造建筑物和构筑物的用地。

二、我国土地利用变化类型

根据我国土地利用的类型，可以将土地利用变化分为三类，即农用地利用的变化、生态用地利用的变化、未利用土地利用的变化，如图 4-1 所示。

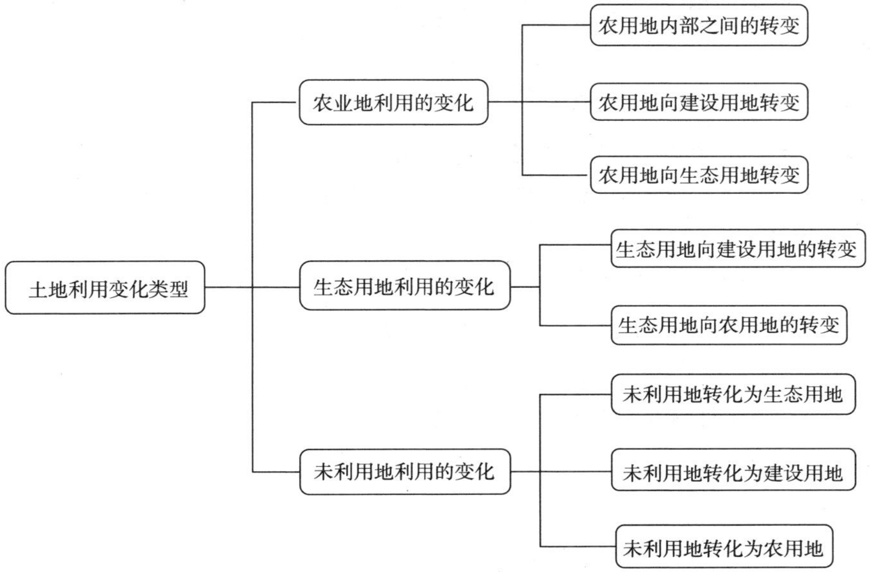

图 4-1　我国土地利用变化类型

（一）农用地利用的变化

根据农用地的转变类型，可以将其分为以下三种情形。

1. 农用地内部的转变

农用地内部的转变是指农用地用途之间的互相转换，如林地转为耕地或耕地转为林地等，其对于土地碳汇的减少有限，且具有恢复到原用途的可能性，因此该种转变要相对容易得多。

需要注意的是，由于法律法规对不同农用地的管制不同，因此在进行农用地内部转变的过程中，需要遵循相关的法律法规。

2. 农用地向建设用地转变

我国土地利用变化的主要形式之一是农用地向建设用地的转变，这同时是我国农用地面积大量减少的根本原因。

从土地利用形式上看，建设用地主要体现的是土地的承载功能，即在土地上建造构筑物和建筑物，并将其作为人们的生活场所、工程载体、操作空间以及堆放场地等，并没有利用土壤的生产功能。

因此，建设用地的利用和土壤肥力、湿润度等没有关系，这使得农用地向建设用地的转变较为容易，而要想使建设用地转变为农用地，则有相对较大的阻碍。

3. 农用地向生态用地的转变

农用地向生态用地的转变是指将农用地转变为生态用地，其目的是保护和增强土地碳汇。例如，我国的“退耕还林”行动，就是农用地向生态用地的转变过程。

对农用地而言，其提供农产品的功能由土地的性质——土壤质量决定，往往具有较好的生态条件。由于人类不注意合理开发和利用土地，导致部分农用地的生产能力受到限制，出现水土流失或土地盐碱化等问题，因此需要修复这部分农用地的生态条件，使其更好地恢复原有的生产能力。同时，出于保护农用地生态系统的需要或生态环境建设的需求，有必要将部分农用地转化为生态用地。

综上所述，农用地向生态用地的转变十分有必要，且对我国生态环境的建设具有重要的作用和价值。

（二）生态用地利用的变化

生态用地是指提供生态产品、发挥生态服务功能的土地，其功能和价值主要依赖于地上的植被，其转换类型分为两类。

1. 生态用地向建设用地的转变

生态用地向建设用地的转变是指将生态用地转变为建设用地，该过程会导致生态用地碳汇的减少，对区域生态环境的建设造成一定影响，具有不可逆性。

2. 生态用地向农用地的转变

生态用地向农用地的转变是指将生态用地转变为农用地（如填湖造田等）。这一过程会导致生态用地碳汇的减少，对区域的生态环境建设产生一定的影响。

（三）未利用地利用的变化

未利用地是指尚未开发的土地，其可以作为各种类型土地的后备资源，具有重要的价值和作用。

根据土地的利用潜力进行划分，具有生态承载功能的未利用地可以作为生态用地，以更好地保障生态安全；生态环境较为脆弱、潜在退化威胁大的未利用地可以作为建设用地，以更好地保障人类的生产行为；宜农的荒草地和改良后的盐碱地等未利用地可以将其作为耕地。

第二节　区域土地利用系统

土地利用系统是复杂的系统，其中包含很多要素和内容，通过了解区域土地利用系统，有助于实现区域土地协调发展。

本节主要介绍区域土地利用系统的组成要素、结构和功能等基础知识，并针对区域土地利用系统的特征和运行目标进行剖析，以更好地帮助读者了解区域土地利用系统。

一、区域土地利用系统要素

区域土地利用系统是土地生态系统、土地经济系统以及人口系统为桥梁复合组成的有机整体，根据各要素在土地利用活动中方式和强度的不同，可以将其分为以下要素，如图 4-2 所示。

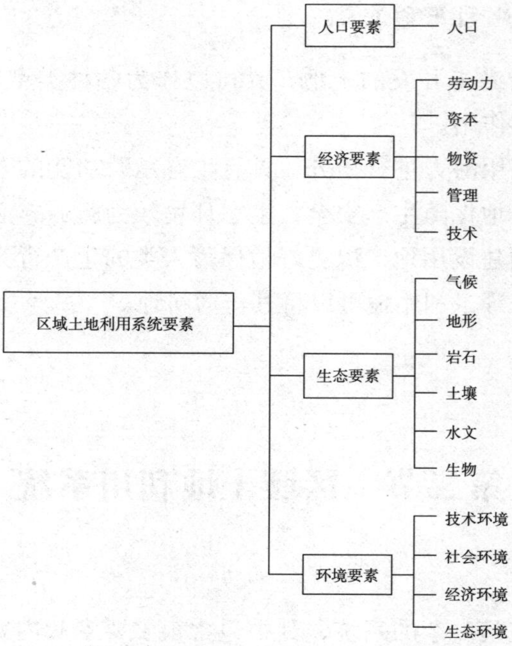

图 4-2　区域土地利用系统要素

人口要素在区域土地利用系统中处于核心地位，是土地利用的主体和参与者。

劳动力、资本、物资、管理以及技术的经济要素是土地利用的手段。

气候、地形、岩石、土壤、水文以及生物的土地生态要素是土地利用的对象和基础。

二、区域土地利用系统结构和功能

（一）区域土地利用系统结构

在给定的土地资源条件下，土地利用系统的结构决定着系统的功能，要想使得土地利用系统具有某种功能，则需要建构对应科学合理的土地利用系统结构。可以说，土地利用及土地利用总体规划的核心就是土地利用系统结构。国民经济各个部门的经济活动离不开土地资源，需要占用一定的土地资源作为活动范围。从这个角度来说，一定的经济结构和产业结构需要通过对应的土地利用结构进行反映，保持区域土地利用系统结构合理，才能保证区域经济、文化、环境的良性循环，以较少消耗取得较高的效率。

土地利用结构是客观存在的，其随着土地利用活动产生，可以分为以下三种类型，即现状结构、规划结构和预测结构。

1. 土地利用现状结构

土地利用现状结构是指在规划期或特定研究时期的土地利用结构，其存在合理和不合理的部分，应当根据规划目标对其进行评价和判断，以及时调整不合理的结构，使其趋于合理。

2. 土地利用规划结构

土地利用规划结构是指根据理性结构并结合某些定量和非技术因素（如制度因素、政策因素等），将其选择作为付诸实施的结构方案。

3. 土地利用预测结构

土地利用预测结构是指运用土地利用参数和相关科学技术，根据一定模型计算而得到的符合理论标准的结构，是评价现状结构和选定规划结构的重要依据和参考标准。

（二）土地利用系统功能

系统的结构和功能是相互依存的统一整体，两者具有密切的关系，前者是后者的基础，而后者是前者的外在表现。

其中，以生产性功能为主的土地利用系统被称为生产型土地利用系统（如农用地利用系统等），以保护性功能为主的系统则被称为保护型土地利用系统（如生态用地利用系统），相应的还有消费型土地利用系统（如建设用地利用系统）、多功能并重的调和型土地利用系统等。

一般来说，一个结构合理、良性循环的土地利用系统往往会表现出总体功能大于部分功能之和的特征。土地利用系统的组织水平越高，其功能就会更加复杂，调和型土地利用系统是最高层的系统。

（三）研究土地利用系统结构和功能的意义

通过研究土地利用系统的结构和功能，有助于正确处理土地三大系统功能之间的相互关系，调整区域土地利用系统的结构和格局，最终完善土地利用系统的分类体系，实现区域土地利用系统的可持续发展。

三、区域土地利用系统特征

土地利用涉及的内容广泛，包含很多子系统，且规模庞大，区域土地利用系统的特征如图 4-3 所示。

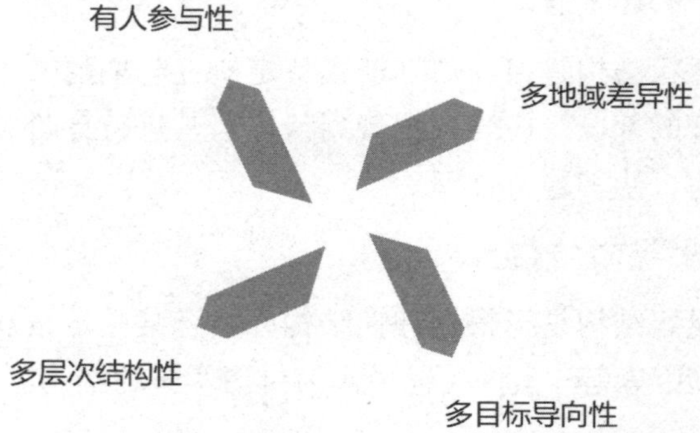

图 4-3　区域土地利用系统特征

（一）有人参与性

与海洋系统、大气系统等自然形成的系统不同，亦区别于计算机系统、通信系统等人工制造的系统，土地利用系统本质特征是“有人参与性”。

作为有人参与的复杂系统，土地利用系统所具有的元素众多、关系复杂，主要体现在以下几点。

（1）土地利用系统存在自组织现象和组织作用。

（2）土地利用系统包括状态变量和行为变量。

（3）土地利用系统的组织作用在系统内部发生作用，并通过人的行为因素体现。

（二）多层次结构性

区域土地利用系统具有多层次的复合结构，主要体现在以下两个方面。

从纵向来看，区域的等级性决定着区域土地利用系统的层次性，这是由我国的行政制度决定的。经过漫长的发展演化，我国已经形成完善的区域土地管理机构及其区域经济管理体系，即形成全国—省—地（市）—县（市）—乡等纵向的区域土地利用系统层次等级，这体现着区域土地利用系统的多层次结构性。

从横向来看，在不同的等级层次区域之中，土地利用系统由多个子系统组成，包括耕地、林地、草地、工矿用地、交通用地、城市用地、水域等，这些子系统共同构成着区域土地利用系统，同时在一定程度上自成体系。这些特点亦在一定程度上体现着区域土地利用系统的多层次结构性。

（三）多目标导向性

在区域土地利用系统中，由于其参与主体众多，不仅包括个人与利益团体，还包括政府和相关部门，这些参与主体的目标并不完全一致，因此具有多目标导向性，主要体现在以下方面。

在微观层面，各个利益团体和个人的目标存在差异性，他们都会各自通过自身的行为和措施以实现追求的目标或效益，这在一定程度上影响着土地利用目标的实现。

在宏观层面，土地利用系统的经济目标、生态目标以及社会目标各不相同，其侧重点和建设重点并不相同，甚至“南辕北辙”，这在一定程度上制约着土地利用目标。

因此，土地利用系统具有多目标导向性，其运行过程是多目标不断协调的过程。

（四）多地域差异性

在不同的地域之中，土地的自然环境条件有较大差异，如地形、地貌、水文、土壤性质的差异。这些差异是土地利用系统的客观基础，使得其呈现出多地域差异性。

土地利用系统的多地域差异性影响着区域土地利用的结构、功能以及人地矛盾的基本性质。因此，在研究区域土地利用系统时，不仅要关注系统的普遍性，还要注重系统的多地域差异性，以更好地研究区域土地利用系统。

四、区域土地利用系统运行目标

土地利用系统是复杂的耦合系统，其运行目标具有多目标性，主要体现在以下几个方面。

（一）合理配置土地资源

土地资源配置的合理性直接影响着土地资源使用效率，而资源配置效率则反映着土地配置的合理程度。

土地资源配置包括三层含义：一是土地资源与劳动、资本、技术等生产要素的配合投入；二是土地资源在国民经济各个产业内部之间的组合；三是土地产权在不同财产行为主体之间的分配。

土地资源合理配置体现在土地利用产出率方面，即在土地利用系统中，如果所有的资源都得到有效利用，其产出率方面应当具备最佳的效果，或者说土地利用产出将达到最大，且不会影响其他效益的实现。

由此可见，土地资源配置并非单纯的经济问题，而是社会和经济问题的综合体现，如果做到合理配置土地资源，将会产生良好的经济效益、社会效益以及生态效益，如图 4–4 所示。

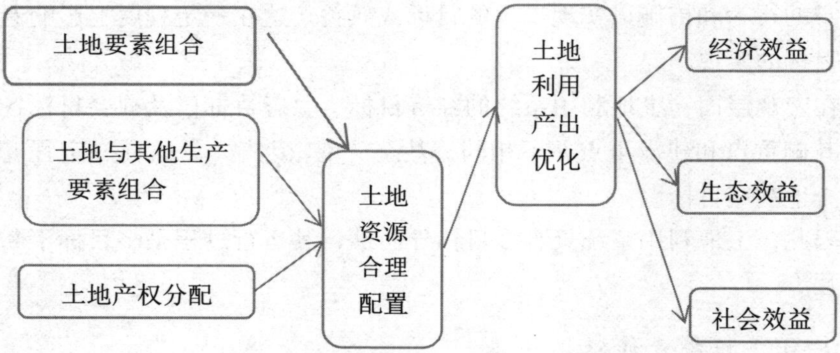

图 4–4　合理配置土地资源过程

（二）持续提升土地价值

对土地而言，持续提升土地价值是土地利用系统运行的经济目标。

土地价值是土地利用系统效能的集中反映和综合体现。通常来说，在人类目标的干预下，土地的效能是可以提高的，其土地价值亦是可以增长的。然而，土地价值的增长会受到诸多因素的制约，如社会经济条件、土地自然条件等，一旦人类对土地的干预行为不恰当，则很有可能使得土地贬值，效果适得其反。

因此，在土地利用系统运行过程中，为达到“持续增加土地价值”的目标，即保持土地较高的增值率和持久的稳定性，应当充分发挥科学技术的潜力，有效挖掘土地潜在价值。

（三）建立有序的人地关系格局

人地关系以及由此引出的人与人的关系，并非单纯的经济关系问题，实质上是生态经济问题。

现阶段，我国人口急剧增长，越来越接近土地承载力和环境承载力的阈限，加上人们种种不合理的行为，造成土地短缺、环境污染和生态破坏等现象和问题，究其根本，这些现象都是由人地关系恶化以及人与人关系失调造成的。

建立有序的人地关系格局十分重要，可以改善我国如今的土地格局，并有效保护生态环境。对土地而言，虽然其自然供给并不具备弹性，但其经济供给具有一定的弹性，这为改善人地关系乃至人与人关系提供了思路和方案。从整体来看，土地利用的潜力并未得到全面的开发和利用，甚至某些地区出现搁置良田的现象，这使得土地无法得到充分利用和保护，人地关系格局出现失序问题。有序人地关系格局如图 4–5 所示。

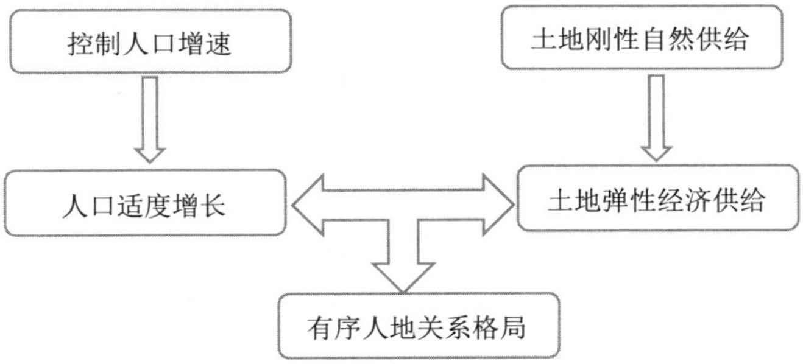

图 4–5 建立有序人地关系格局

（四）土地利用系统良性运行

实现系统的良性运行是土地利用系统运行的根本目标。与一般生态经济系统良性运行不同，土地利用系统的良性运行具有特殊性，是指土地生态系统、土地经济系统的内部及其两者之间的物质、能量可以无限循环和连续传递信息，维持稳定的运行状态，具有以下特征。

（1）土地利用经济效益稳步提高，土地生产率、土地利用率、劳动生产率呈上升状态。

（2）土地利用结构处于动态发展中，并具有稳定性和协调性。

（3）土地利用生态效率稳步提升，能量利用率、物质利用率、物质转化率呈上升状态。

（4）土地利用的社会整体利益和社会公平目标得以实现。

第三节　区域土地利用变化系统

随着土地利用变化对区域生态环境质量和生态系统的可持续影响日益明显，可以从规划角度进行土地利用政策调整、区域经济发展和人口规模限制。这些规划和管理行为共同构成区域土地利用变化系统的组成和结构演变的重要驱动机制和反馈机制。因此，有必要了解区域土地利用变化系统的规律和特征，以更好地规划和管理区域土地资源。

本节主要介绍区域土地利用变化系统组成要素和特征等系统知识，旨在帮助土地利用变化研究人员更好地调整土地利用变化系统。

一、区域土地利用变化系统组成

土地利用变化是多种因素共同参与的动态过程，并不能孤立发生。根据因素性质和特点的不同，可以将土地利用变化系统分为以下四个部分。

（一）土地利用主体

在土地利用变化系统中，土地利用主体是土地利用实践活动的行为者或决策者，一般是指土地的所有者或经营者，既可以是个人、家庭，也可以是政府、企业或社会团体。

土地利用主体的相关决策和行为会直接影响土地覆被类型的变化，是土地利用变化的直接原因。对土地利用主体来说，其属性、层次的不同决定着其行为或决策对土地利用变化系统的差异性。例如，高层次的土地利用主体的决策制约着低层次的土地利用主体的行为。随着社会经济的发展和完善，土地利用主体之间的关系逐渐简单明确，即高层次的土地利用决策倾向于土地利用的可持续性，而低层次的土地利用决策则具有更多的独立性，经营方式更加合理化。

我国的土地归国家所有，各级政府代表国家行使国家管理权，对土地利用的影响途径有两种：一是通过法律、政策或与舆论等间接地引导土地利用方向；二是直接做出土地利用决策，包括修建铁路、机场、公路等基础设施和建立自然保护区、工矿企业等。通常来说，土地利用活动的决策主体是土地的经营者，只有在后一种情形下，政府才会被看作土地利用主体。

需要注意的是，判定土地利用主体的关键是主体是否直接决定着土地的利用方式，而非土地所有者。

（二）驱动力

驱动力的作用并不直接应用在土地利用方面，而是通过影响土地利用主体的决策，最终导致土地利用变化。

驱动力对土地利用变化的作用方式多种多样，既有正向的促进作用，也有逆向的阻碍作用。不仅如此，统一驱动力因素在不同的时期或不同的背景下起到的作用亦有所不同，即在一定时期之内会起到促进作用，而在另一个时期则可能起到阻碍作用，因此导致土地利用变化的复杂性。

在土地利用变化系统中，驱动力作为土地利用与土地覆被变化的动力，是所有变化发生的源泉，发挥着主导作用，是揭示土地利用变化内在机制的关键。需要注意的是，由于驱动力因素包含的种类多样，各种驱动因子作用的速度、频率和强度等千差万别，其研究极富挑战性。因此，在研究土地利用变化的驱动力系统时，需要采取对应的研究方法，而非采用单一的研究方法。

（三）土地利用

土地利用变化表面是土地利用方式的改变，其实质是土地利用主体在各种驱动因素综合影响下的行为和决策作用于土地覆被的产物。

土地利用变化主要包括两种，即土地利用目标的变化和土地利用方式的变化。其中，前者是指经营目标的转变，如林地由用材地转变为草地；后者是指土地用途的改变，包括土地利用类型的变化（如农用地转换为建设用地）和土地利用强度的变化两类。土地利用目标和方式常常联系在一起，一定的土地利用目标只有通过一定的土地利用方式才能实现，而一定的土地利用方式则是一定土地利用目标的体现。

根据土地变化过程是否可逆，可以将其分为可逆性变化和非可逆性变化两种形式。前者是指土地用途或方式可以发生转变，如可以通过退耕还林的方式将耕地转换为林地；后者是指土地用途或方式不可以发生改变，如农田向交通用地或城镇用地转变。

（四）土地覆被

土地覆被是人类赖以生存的空间和生产活动的对象，不仅是人类土地利用实践活动的载体和对象，还是土地利用变化系统中最基本的构成单元。

土地利用是对土地覆被经济属性和自然属性的利用，其导致的环境效应都是土地利用覆被性状改变的结果，而土地覆被性状的改变又会反过来驱动土地利用变化的发生。

土地覆被是地表表层和亚表层部分自然状况的集中体现，其概念有广义和狭义之分。广义的土地覆被是自然综合体，其范围十分广泛，包括海洋、大陆、高山、南北极冰川等整个地球表层。狭义的土地覆被是指地球陆地的表层部分。

土地覆被具有众多的自然性状，对人类土地利用活动有重要影响的性状包括以下几种：一是形态多样性，即土地覆被的地貌类型多样，包括高原、河流、山川、盆地、戈壁、草原、沼泽等，呈现出千姿百态的地表形态，而且这些自然景观的分布具有一定的地带性；二是面积有限性，即在一定时期之内，地球上各种类型的土地覆被总面积是固定的；三是可持续使用，即土地覆被是一种可以更新的资源，只要人类合理利用，其面积和空间位置并不会因为使用而减少或消失。

二、土地利用变化系统特征

土地利用变化系统具有一定的结构，且各个部分之间有着紧密的联系并执行对应的功能，是一个具有动态变化特征的复合系统，具有以下特点，如图 4-6 所示。

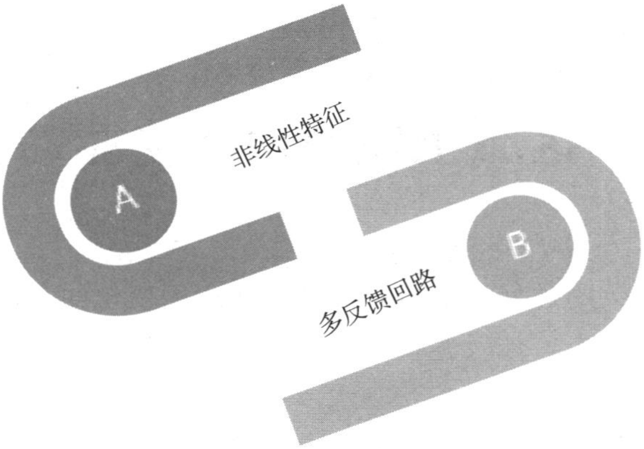

图 4-6　土地利用变化系统的特征

其中，非线性的各种物理过程是土地利用变化系统演化的依据和内在动力；反馈作用是土地利用变化系统有序性的主要原因。

（一）非线性特征

非线性特征是系统的普遍特征，土地利用变化系统是一个复杂的系统，因此其同样具有非线性特征，且更加明显和突出，主要表现在以下方面。

（1）驱动力内部。

（2）驱动力、土地利用变化和环境之间的非线性作用。

（二）多反馈回路

土地利用变化系统具有多重反馈回路，包括正反馈回路和负反馈回路两种，前者是系统增长的主要力量，其作用是促使系统指数式地离开某种非稳定平衡点；后者是系统的稳定力量，其作用是使得土地利用变化系统趋于某一目标。

在土地利用变化过程中，正反馈回路和负反馈回路始终交织在一起，并随着条件改变而发生转移。例如，人口的增加会促进耕地数量的增加，但同时增加的人口会增加建设用地的需求，又会反过来降低和限制耕地的数量。

第五章　区域土地利用变化驱动力机制

土地利用变化的过程与动力机制是土地利用变化的关键领域。土地利用变化过程十分复杂，涉及各种因素和驱动力，是各种驱动力长期作用的结果。

土地利用与土地覆盖变化的驱动力系统是由各种驱动力因子相互结合组成，具有一定的规则和层次。根据驱动因素性质和特点的不同，可以将其分为自然驱动力、人文驱动力。

本章主要介绍区域土地利用变化的驱动力及其机制，并对实践案例进行剖析，旨在帮助土地利用研究人员掌握土地利用变化的根本规律。

第一节　自然驱动力

人类一切活动离不开自然条件，自然条件是人类进行活动的基础和前提，会对土地利用产生影响。

一、自然驱动力因素及其对土地利用的作用

（一）气候对土地利用的影响

气候条件对农用地区域有显著的限制和影响作用，主要体现在对农作物品种及其分布、组合、产量和熟制等方面。气候的急剧变化（如气候灾害等），往往会引起土地利用条件和人类活动的非正常变化，进而影响土地开发利用和土地覆盖变化，因此气候是土地利用变化的重要驱动力因素之一。

（二）水文对土地利用的影响

水文条件是人类利用和改造土地的重要条件，尤其是在流域附近，水文条件对土地利用的制约更加明显，主要体现在对土地利用类型的形成、功能结构、土地利用方式、生产水平等方面。例如，地下水位的下降可以使得土壤表层盐分脱盐，进而改良土壤表层物理性质和化学性质，为开垦土地种植作物创造条件。

（三）地貌对土地利用的影响

区域的地貌类型多样，包括平坝、低山、丘陵等，对土地利用的影响主要表现在两个方面。

1. 地貌对能量和物质进行了再分配

区域地貌不同，其土地的生产力可能有所差异。地貌在一定程度上影响着土地的生产力，其过程如下：地貌的高低起伏为光温、降水等变化提供条件，而坡度和坡向则决定着土地利用的基本方式，这意味着地貌决定着土地潜力水平和土地利用格局。

2. 地貌影响着土地环境的演化过程

在土地利用演化过程中，不同的地貌会形成具有差异性的土地环境。例如，喀斯特地貌和丘陵地貌的土地环境截然不同，其中地貌起着重要的影响作用。

（四）土壤对土地利用的影响

土壤是土地的核心要素，对土地利用的影响最为深刻，主要表现在两个方面：一是土壤的肥力直接决定着土地的生产力；二是土壤类型的差异决定着土地利用形式、耕作方式、可耕性以及轮作制度等。

综上所述，土地利用受到自然因素的影响和作用，因此在分析土地利用变化驱动力时，必须考虑自然驱动力因素，这样才能科学合理地构建土地利用变化驱动力机制。

二、自然驱动力因素对土地利用发挥作用的特点

在对土地资源进行开发和利用时，这些因素不可避免会对土地利用的类型、方式等造成影响，这些因素对土地利用的作用具有以下特点。

（一）综合性

自然驱动因子并不是单独地对土地利用变化机制起作用，而是相互制约、相互影响地共同作用，具有综合性。

（二）不等价性

在不同的时期和地域内，并非所有的自然驱动因子都起到同样的作用，仅有少数几个驱动因子起到主要作用，其他驱动因子所起到的作用相对较小，具有不等价性。例如，在喀斯特地区，地质、地貌以及水文因素对土地利用变化有重要的作用和价值，而在高山地区，气候和地形因素则主要影响该地区的土地利用变化。

（三）时间尺度

在一定的时间尺度之内（尤其在 10 ～ 20 年），其他自然驱动因子的变化并不明显，但气候驱动因子往往有明显的变化，尤其是降水和热量变化及其引发的自然灾害，会对土地利用产生极大的影响，具有时间尺度的特性。

第二节　人文驱动力

人文驱动因素是指可以对土地利用方式造成影响的因素，具体包括人口因素、城市化因素、政经政策因素、技术发展等因素。

一、人口驱动力

无论是耕地利用还是建设用地利用均会受到人口因素的影响，而人口因素是最具有活力和变动的驱动力之一。

（一）人口因素与土地需求

从土地利用变化的角度出发，影响土地需求的主要因素包括以下几种，其影响方式如图 5-1 所示。

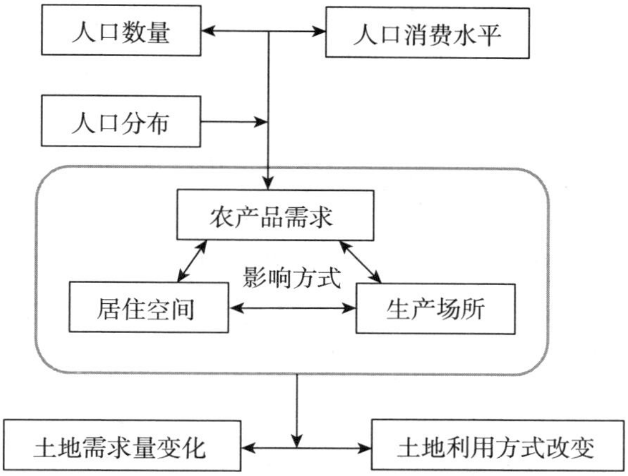

图 5-1 区域人地相互作用方式

1. 人口分布

人口分布（包括人口的分散和集中、人口区域流动等）必然会对土地需求产生影响，进而使得土地利用方式改变。例如，随着社会经济的发展，人口逐渐向城镇转移，导致城镇建设用地增加和农村居民用地减少，使得土地需求量发生变化和土地利用方式的改变。

2. 人口数量

在科学技术和消费水平不变的前提下，人口数量的增加必然会导致对各种土地需求的增加，即人们需要更多的土地来提供居住空间、农产品，亦需要更多的土地用来建设工厂和活动场所。

因此，人口数量通过影响居住空间、生产场所、农产品需求等因素，进而影响土地需求量和土地利用方式。

3. 人口消费水平

人口消费水平对土地的需求有着决定性的作用。随着社会经济的发展，人们的消费水平和消费结构亦发生着不同程度的改变，往往导致产业结构的变化。而土地作为生产要素，必然会受到产业结构变化的影响，进而改变土地需求量和土地利用方式。

综上所述，人口因素必然会导致土地资源需求的增加，而土地资源增加的途径有两种：一是扩大土地利用面积，开发和利用未利用的土地资源，提高土地利用的强度；二是调整和优化土地利用系统结构，进而提高土地利用系统的生产潜力。但无论哪种途径，均会导致土地利用的变化，因此有必要清楚人口驱动因素的驱动机制，以便于调整区域土地规划，促进区域土地可持续利用。

二、城市化（城镇化）因素

城市化和工业化是现代经济发展的两种不同过程，其直接影响着区域土地利用的变化，其影响途径有两种：一是通过人口、产业集中、地域扩散等行为占用土地，使得土地利用非农化；二是通过价值观念和生活方式的扩散，以改变原来的土地利用结构。

在城市化和工业化的发展过程中，农业用地转向非农业用途十分明显。我国由于城市用地规模的急剧扩张，导致耕地数量急剧减少，具体体现在以下方面。

首先，随着我国城市化战略的调整，我国城市化水平有所提高，这必然会伴随着建设用地和城市用地面积的增加，直接影响着区域土地利用的变化。

其次，城镇化进程的加快带来城市人口的迅速上升，这意味着人们对生活产品和生活服务质量有着更多的需求，这无形之中促进了建设用地的增加和建设，促使区域土地类型和用途发生一定转变。

综上所述，城市化水平是促使土地利用发生变化的重要驱动因素，不可忽视。

三、政经政策因素

政策因素指引着社会经济发展的方向，不仅在我国社会经济发展中起着重要的作用，还对土地利用及其结构的影响亦是十分显著，是土地利用的直接决策因素，其影响途径如下：①经营机制；②地权制度；③价格制度。

土地利用的实践证明，不同的政治经济政策对土地利用的作用有所不同。例如，中华人民共和国成立以后，我国一直在倡导“植树造林、绿化祖国”，各个区域也在积极响应。但某些区域的实际情况却不容乐观，恶劣的自然环境条件是林草成活率不高的原因之一，但最主要的原因是土地产权的不明确和农民经济利益的驱使。直至 1998 年以后，我国提出“退耕还林（草），封山绿化，个体承包，以粮代赈”方针，解决农民经济上的诸多问题以后，其成果显著，各个区域在短时间内退耕还林上千公顷，有力保障了我国生态环境和生态系统的稳定和安全。

综上所述，政经政策在区域土地利用的变化过程中起着重要的指导作用，直接影响着土地利用及其结构变化。

四、技术发展因素

技术发展的水平和应用程度直接影响着土地利用的广度和深度，是重要驱动因素之一。

（一）农业生产领域

技术的进步不仅可以提高农业的集约化程度，还可以提高粮食的单位产量，减轻人口增长对农业用地的压力。

农业技术的种类多样，涉及内容广泛，包括耕作技术、土壤改良技术、良种培育技术以及排灌技术、农药技术和化肥技术等。

（二）林草业生产领域

技术的进步和应用可以提高林草业的生产效率，同时可以大大减少劳动力的使用。例如，飞机直播技术和滴灌技术的应用，可以增加植被的成活率，并减少水资源的浪费，使得水资源得到充分利用。

（三）建设用地领域

技术的进步和应用对建设用地的积极作用同样不可忽视，主要体现在规划、管理和建设方面。

首先，在规划方面，如果仅是照搬照抄相关文件，而缺乏先进的科学指导和技术手段，那么规划难免会出现失误。因此，可以借助先进的科学技术对建设用地规划进行模拟和预测，以更加科学合理地规划建设用地的布局。

其次，在管理方面，如果仅是满足于传统的管理方法，而不对管理方法和手段进行创新，会在无形之中禁锢思想、限制眼界。因此，可以借助先进的科学技术加强对建设用地的管理，做出具有科学性的指导决策，以促进建设用地的可持续利用。

最后，在建设方面，如果仅是趋向于使用传统的建造意识和方法而缺乏超前意识和现代思维，不采用先进的科学技术，这往往不利于土地利用趋向合理方向的转变。

目前，随着科学技术的发展，科学技术转化为生产力的步伐有所加快，科技市场不断完善，使得区域基础设施条件越来越优越，为土地资源的开发利用创造了良好的科技条件和科技环境，使得区域的土地利用朝着合理的方向发展。

五、人类决策因素

土地利用涉及人类的选择和决策，是土地利用主体的行为，因此有必要研究土地利用主体的行为及其响应机制。

（一）土地利用变化决策的模式

1. 理性模式

理性模式是指将决策者作为理性的经济人（具有追求利润最大化的特征），从决策者行为和决策过程进行分析的模式。

理性模式包括生存、资本保护等目标，通常假定决策者可以获得充分的决策信息，并且可以对决策信息进行加工和整理，进而实现最佳的决策。

显然，理性模式存在一定的局限性，因为几乎没有一个土地利用主体的行为可以如此精确，但它仍具有一定的借鉴意义和价值，可以帮助我们理解土地利用者的行为和决策机制。

2. 边际主义模式

理性模式的决策过程具有系统严密的特点，然而在实际生活中，其有关经济人的假设是很难实现的，实际的决策过程和结果往往和理性模式有所差异。因此，边际主义模式应运而生。

边际主义模式认为，土地利用决策人在考虑适合自身的选择和评价各种决策的可能后果方面的能力是有限的，其获得的决策信息亦会受到环境的限制和影响。因此，边际主义模式认为决策并不是系统和严格的过程，而是零碎的，是对现行政策逐步、小规模的调整。

边际主义模式将重点放在对于现行政策的调整，并精确描述很多土地利用政策，其局限在于没有解释导致重大土地利用变化的比较激进的决策。

3. 混合观察模式

理性模式和边际主义模式在解释现实决策过程时都存在局限性，并不能完全解释现实中所有的土地利用决策过程。

混合观察模式是为解释现实土地利用决策过程而提出的新的思路和方法。混合观察模式认为，实际的土地利用决策过程是有层次性的，可以分为基础决策和项目决策两种类型，两者相互补充。前者是通过探索而做出的决策；后者是在基础决策规定的范围内逐渐做出的。

混合观察模式比较忠实地描述决策过程，但在实际操作中，基础决策和项目决策的界限不明，我们很难进行区分。

（二）土地利用主体及其行为分析

对区域而言，其土地利用变化的方式虽然比较复杂，但也可以简单将其归纳为三种主要类型，即农用地的非农化、农用地的内部结构调整、建设用地内部结构调整。本书以前两种决策过程为例，介绍土地利用主体行为分析和决策过程。

1. 农用地非农化的形式

从农用地非农化的形式看，主要包括以下三种：一是农用地转为国家建设用地，包括城市用地、独立工矿用地、水利工程用地等用地；二是农用地转为集体建设用地，包括农村道路、农田水利设施、乡镇企业等用地；三是农用地转为农村个人建房用地，主要是指农村宅基地，如图 5-2 所示。

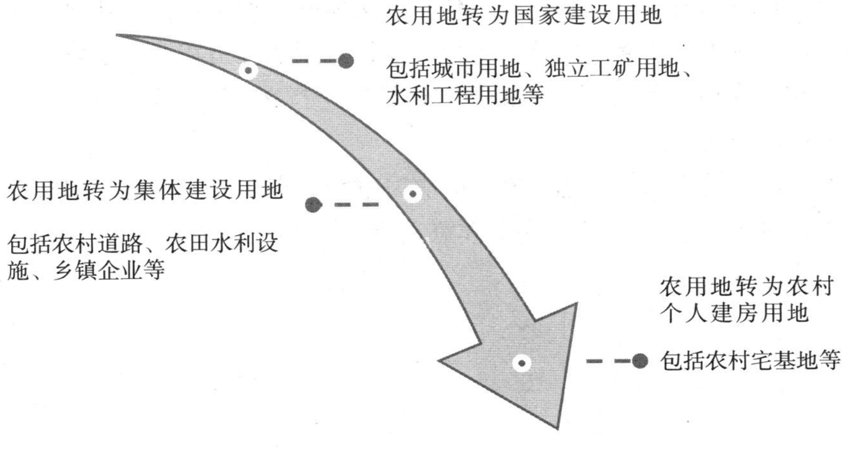

图 5-2 农地非农化的类型

2. 农用地非农化的参与主体和决策过程

（1）农用地非农化的参与主体。在农用地非农化的过程中，其参与的主体主要包括中央政府、地方政府、农村集体和农民。

①中央政府。中央政府是农用地非农化的最高决策者，可以通过制定法律、法规以及政策等对农用地的非农化流转进行规范和限制。总的来说，中央政府是通过供给一定的制度环境对农用地非农化参与主体的行为和决策进行调整的。

②地方政府。和中央政府相似，地方政府是农用地非农化的主要决策者，在实践中具有很大的决策权。地方政府不仅是地方社会的管理者，还是地方经济发展的组织者，为农用地非农化参与主体提供相关的制度环境。

③农村集体。村集体是农村集体土地的所有者，而村干部作为村集体的领导者，在很大程度上影响着村集体的农用地非农化决策，具有一定的决策权。但和地方政府相比，农村集体（村干部）在农用地非农化决策过程中属于从属地位。

④农民。农民作为农用地的使用者，享有农用地的收益权和经营权，所以农用地非农化和他们自身的利益息息相关。

在农用地非农化过程中，农民的决策地位有限，并不能发挥较大的作用和影响。

（2）农用地非农化的决策分析

通过上述农用地非农化各个参与决策者的地位和行为，可以看到中央政府只有保护农用地一种选择，而其他参与主体的行动集合都是在保护农用地与不保护农用地之间进行选择。这里的保护农用地是指在非农建设发展的过程中，减少农用地的占用；不保护农用地则是指在非农建设发展的过程中，过多地占用农用地。

由此可以看到，农用地非农化的决策过程，实质上就是地方政府、村集体、农民的博弈过程，其结果无非就是保护农用地和不保护农用地两种情况，如图 5-3 所示。

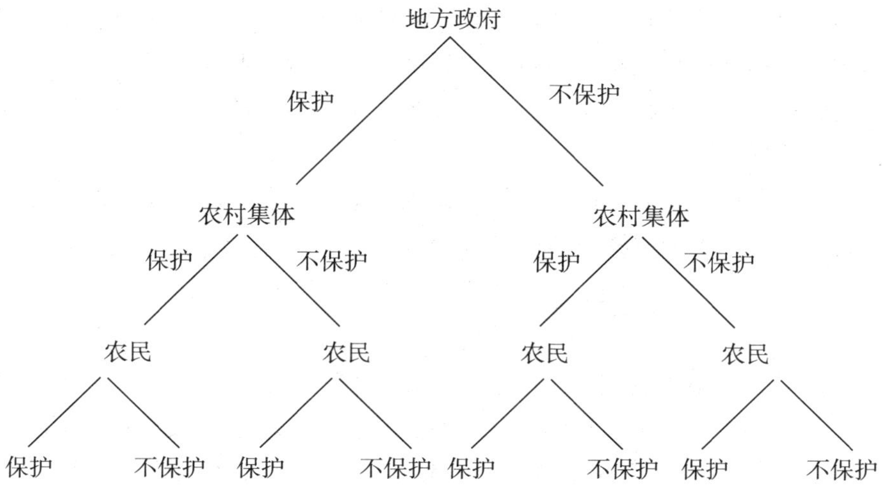

图 5-3　农用地非农化各参与主体博弈过程

在农用地非农化各参与主体博弈过程中，影响各个参与主体的因素有很多，包括以下几种。

（1）土地征用、出让过程中的收益差额。

（2）当时经济发展和财政收入。

（3）土地优惠政策。

总之，通过了解各个农用地非农化参与主体的行为动机和影响因素，有利于引导和调整农用地非农化的决策结果和过程，是促进区域土地可持续利用的基础和前提。

3. 农用地内部结构调整农户决策行为分析

在农用地内部结构调整过程中，很多因素都会直接影响到农用地内部的结构变化，其因素主要包括以下几种。

（1）中央政府的政策。中央政府的决策会直接影响农用地内部的结构调整，具有显著的作用和效果。例如，中央政府从保护生态环境和生态系统的角度出发，实行生态退耕措施和制度，规定坡度在 25° 以上的耕地要退耕还林，这大大加快了农用地内部结构调整。

（2）地方政府的政策。与中央政府相同，地方政府的政策在很大程度上决定着农用地内部的结构调整，其通过颁布相关政策和制度，积极鼓励退耕还林或农用地综合开发等，都会对农用地内部结构产生一定影响。

（3）农民的决策行为。农民作为土地的直接使用者和经营者，其决策行为影响着农用地内部结构。通过对农民的走访调查和调查问卷发现，影响农民调整农用地内部结构的原因有以下几种：①种植业效益低下；②土地质量差；③自然环境制约。

因此，要想改变农民的决策行为，则需要针对上述原因制定对应的政策和措施，以改变土地利用主体的决策行为。

六、经济发展水平因素

社会经济发展是土地利用及其空间结构演变的最根本动力。从长期来看，社会经济发展和土地利用变化之间有较强的因果联系和相互作用。一方面，社会经济的发展会要求更多的土地投入，以满足人类生产和生活的需要；另一方面，土地利用变化又会反过来作用于社会经济的发展，即影响和制约社会经济的发展。从短期来看，社会经济的发展制约和影响着土地利用类型的变化。因此，可以说社会经济的发展对土地利用具有主导作用。

（一）社会经济发展与土地供给和需求分析

社会经济发展主要是影响土地的需求和供给、土地利用类型等方面，进而使得土地资源的开发和利用发生变化，体现在以下方面。

1. 社会经济发展与土地的供给分析

社会经济的发展往往会带来科学技术的进步，会对土地的供给产生一定程度的影响。

首先，社会经济的发展使得原来不能利用的土地获得技术或经济可行性，进而在外延上增加土地的供给量。需要注意的是，由于区域土地的总量是一定的，因此其外延增加土地供给量具有一定限度。

其次，社会经济的发展可以提高土地集约利用程度，进而在内涵上增加土地的供给，主要体现在以下方面：一是社会经济的发展为增加土地资金投入提供可能性；二是科学技术可以改变土地和其他要素之间的“配比关系”，实现土地节约利用；三是科学技术的进步可以突破现有的报酬递减规律制约，在土地投入不变的前提下，增加土地的产出。

2. 社会经济发展与土地需求分析

除了人口因素之外，经济规模扩张也会对土地需求产生影响。经济规模的扩张与产业结构的演变息息相关。在技术水平和投入要素比率保持不变的条件下，随着产出量的增加，土地投入量必然会有所改变。例如，我们假定非土地资源和土地为最优组合，在现有的技术水平下可以得到某产品的总量为 Q_1，此时如果要想将该产品的总量提升为 Q_2 或 Q_3，则必须增加相应比例的土地和非土地资源投入，如图 5-4 所示。

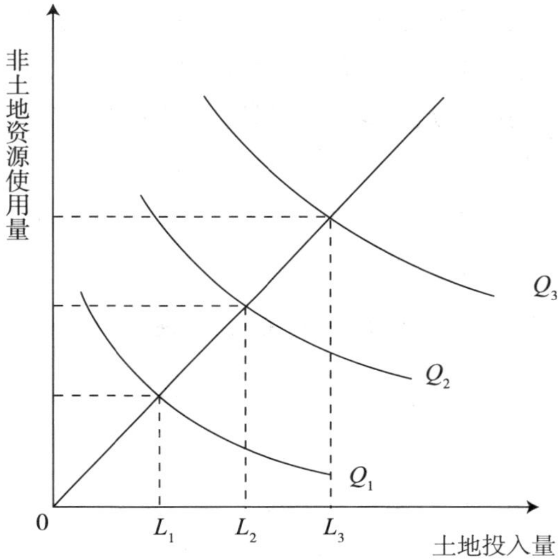

图 5-4　经济规模的扩张对土地需求的影响

3. 影响土地供需均衡的社会因素

由于土地面积的有限性和利用的外部性，在进行土地利用时很难不受到社会的限制。影响土地供需均衡的社会因素包括宏观经济政策、土地利用政策、经济体制等。

（1）宏观经济政策。宏观经济政策是针对宏观经济发展而制定的政策，但同时会对土地供需均衡产生影响，其作用方式如下。

宏观经济政策→投资规模和结构→土地需求结构→土地供需均衡。

例如，1992 年，为促进房地产业的发展，在相关宏观经济政策的指导下，房地产业的资金规模和结构得到大幅度提升和改善，进而在全国范围内引起房地产开发热潮，大量的土地被转移到房地产开发领域，对土地需求结构产生重要的影响，最终影响到土地供需均衡。

（2）土地利用政策。与宏观经济政策相比，土地利用政策是专门用于调控土地利用而制定的，具有具体性和针对性，更加容易影响土地供需均衡。

土地利用战略是土地利用政策需要实现的总目标，同时是土地利用总体规划的重要依据，一旦区域土地利用战略开始确定，并通过规划的形式进行反映，就必然会影响土地的供给，进而影响土地供需均衡。例如，如果土地利用总体规划以“耕地总量动态平衡”为基本目标，就会在一定程度上限制耕地的转移和利用方式的改变，并迫使建设用地集约利用。

（3）经济体制。除了上述因素之外，经济体制也会影响土地供需均衡关系。经济体制是国民经济的组织形式、机构和管理方式的总称，决定着经济社会中资源配置和资源运动的形式。经济体制通过对产品需求的调配而间接影响着土地的需求结构。例如，在市场经济体制下，生产者的行为主要是追求利润的最大化，这会导致产业结构、生产结构和对应的土地利用结构发生变化，进而影响土地供需平衡。

（二）社会经济发展环境与土地开发利用分析

社会经济发展不仅影响着土地的供给和需求，还影响着土地的开发和利用，主要体现在以下方面。

1.社会经济环境对土地开发利用的影响

社会经济环境对土地利用的影响是全方位且深刻的，主要体现在以下几个方面。

（1）社会经济环境是土地开发利用的基本环境背景之一，影响着土地开发利用的方向。

（2）社会经济环境构成与土地开发利用的市场，影响着土地开发利用的效益。

（3）社会经济环境是土地开发利用的基本保障条件之一，影响着土地开发利用的可能。

（4）社会经济环境和土地开发利用互相制约和作用，影响着区域经济和土地的可持续发展和利用，并影响着土地长期的深层次开发。

2.社会经济环境对土地开发利用的要求

社会经济环境作为客观存在，对土地开发利用提出以下要求。

（1）要求土地开发利用可以适应和促进区域经济的持续发展。

（2）要求土地利用开发的结果可以形成合理的产业布局，促进社会经济环境的优化。

（3）要求土地开发的方案符合社会经济活动的基本发展规律，并具有可行性和较好的投入产出比。

为满足社会经济环境对土地开发利用的要求，可以从以下方面着手。

首先，随着乡镇企业的迅猛发展，工矿用地类型逐渐扩大并挤占其他用地，加上乡镇企业通常分布比较分散，难免出现不注意节约用地、圈占农田等现象，为避免或降低上述现象的发生，地方政府应当对工矿用地、建设用地的开发利用提出对应的政策和程序，以保护农用地，并提高建设用地集约程度。同时，需要对生态用地进行保护和建设，以满足人们对生态环境的需求。

其次，工业发展的同时往往会带来环境污染问题，导致周边地区的土地质量受到影响，尤其是某些小规模、高污染的企业开始向乡村流动，这无疑会对周边土地质量产生不利影响。因此，地方政府应当对这些企业进行合理规划和布局，引导土地利用向高效化、多样化方面发展，形成科学合理的产业布局，最终实现优化社会经济环境的目标，同时保护区域的生态环境。

最后，工业迅速发展的同时，不能忽视农业生产。随着科学技术的进步，农业亦在不断前进，农业机械化和服务社会化进程不断加快。为更好地对土地进行开发和利用，提高投入产出比，地方政府应对农业生产结构进行调整，并将部分耕地转变土地利用方式和用途，使其土地开发利用方案符合社会经济活动的基本发展规律。

第三节 基于回归模型的土地利用变化驱动力分析

在实际运作中，各个驱动力并不是单独作用的，而是不停地相互作用，且每种驱动力对土地利用均产生着一定的影响，并受到其他驱动力的制约。

因此，在制定土地利用变化驱动力模型时，需要将众多因素综合考虑，并选择合适的分析方法。本书以回归模型为例，对土地利用变化驱动力进行分析，旨在帮助读者更好地掌握土地利用变化驱动力机制和规律。

一、回归模型的原理和方法

多元回归模型对土地利用变化进行拟合，可以分为线性模型和非线性模型两类，其各有自身的优势。因此，可以借助多元回归模型对土地利用变化机制进行解释和预测。

（一）回归模型的原理和思路

回归模型是对统计关系进行定量描述的一种数学模型，研究的是因变量和自变量之间的关系，是一种预测性的建模技术。

回归模型通常用于预测和分析、建立时间序列模型以及发现变量之间的因果关系。多元线性回归的数学模型如下。

$$y = B_0 + B_1x_1 + B_2x_2 + \cdots + B_kx_k + \varepsilon \tag{5-1}$$

其中，B_0，B_1，…，B_k 是 k+1 个待估计的参数。

B_k 称为回归系数，表征自变量对因变量影响的程度。

x 可以是随机变量，也可以是非随机变量。

ε 是相互独立且服从同一正态分布 $N(0, \sigma 2)$ 的随机变量。

y 是随机变量。

（一）回归模型常用的方法

回归模型的基础是回归分析，即通过研究变量（被解释变量）和变量（解释变量）的具体依赖关系，并经过计算和分析，最终预测变量之间的发展，通常包括以下几种方法，如图 5–5 所示。

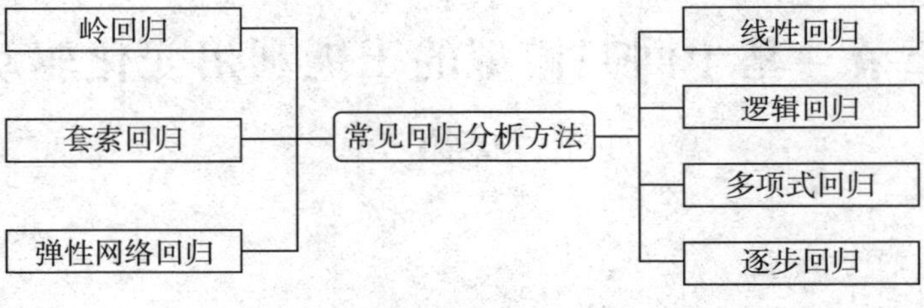

图 5–5　常见的回归分析方法

1. 线性回归

线性回归是指全部由线性变量组成的回归模型。在这种模型中，因变量是连续的，自变量可以是连续的也可以是离散的，其使用最佳的拟合直线在因变量和自变量之间建立线性关系。

在实际模拟过程中，由于其遇到的问题往往过于复杂，单个的变量并不能满足描述输出变量的关系，因此可以用多变量线性回归模型进行预测和分析，其公式如下：

$$Y=a_1*X_1+a_1*X_2+a_3*X_3+.....+a_n*X_n+b \tag{5-2}$$

式中，a 为系数，X 是变量，b 为偏置。

线性回归模型的建模速度快，且运行速度较快，往往并不需要很复杂的计算。同时，线性回归可以根据系数对每个变量进行解释，对异常数值比较敏感。

2. 逻辑回归

逻辑回归的因变量可以是二分类的，也可以是多分类的。在实际生活中最常用的是二分类的逻辑回归，其公式如下：

$$odd=p/(1-p)^n \tag{5-3}$$

式中，p 表示具有某个特征的概率。

逻辑回归可以从根本上解决因变量不是连续变量的问题，是常见的预测事情发展的方法之一。

3. 多项式回归

与线性回归分析不同，多项式回归适用于处理非线性可分的数据，需要找到一条曲线对数据点进行拟合，其公式如下：

$$Y=a_1*X_1+a_2*X_2^2+a_3*X_3^3+...+a_n*X_n^n+b \tag{5-4}$$

式中，a 为系数，X 是变量，b 为偏置。

多项式回归的优点在于可以拟合非线性可分的数据，可以更加灵活地处理复杂关系，同时是完全控制要素变量的建模，其分析变量因素更加全面，其缺点在于如果指数选择不恰当，容易出现过拟合的现象。

4. 逐步回归

逐步回归是指自动从大量可供选择的变量中选取最重要的变量，并建立回归分析的解释或预测模型，其本质是建立“最优”的多元线性回归方程，其步骤如下。

（1）用被解释变量对每一个所考虑的解释变量做简单回归。

（2）对被解释变量贡献最大的解释变量所对应的回归方程为基础，再逐步引入其余解释变量。

（3）经过逐步回归，保留最重要的且没有多重共线性的解释变量。

逐步回归可以使用最少的预测变量数并获得最大化的预测能力，是处理高维数据集的常用方法。

5. 岭回归

通常情况下，如果两个自变量之间（X_1 和 X_2）存在函数关系，一旦 X_1 发生改变，X_2 必然会发生对应的改变，那么在分析 X_1 这一自变量对因变量的影响作用时，不可避免会混杂 X_2 的作用，容易造成分析误差（即高共线性）。为避免上述现象和问题，可以借助岭回归分析方法。

岭回归通过增加偏度差以降低标准误差，其公式如下：

$$w=\left(X^T X+\lambda I\right)^{-1} X^T y \tag{5-5}$$

式中，X 表示特征变量，w 表示权重，y 表示真实情况，λ 为岭系数，I 表示单位矩阵；T 表示周期。

对岭回归模型而言，其添加偏差因子可以大大减少方差，最大程度排除高共线性的影响，具有独特的优势和作用，其缺点在于没有特征选择功能。

6. 套索回归

与岭回归相似，套索回归在优化函数中增加了一个偏置项，用以减少共线性的影响。

可以说，套索回归做了一种参数选择形式，未被选中的特征变量对整体的权重为 0，这使得计算更加有效率。

7. 弹性网络回归

弹性网络回归使用 L_1 和 L_2 正则化，具有两种技术共有的效果。

弹性网络回归结合了套索回归和岭回归的优势和特点，当具有多个相关的特征时，弹性网络回归会选择两个特征，在进行分析时更加全面和科学，是一种具有明显优势的回归分析方法。

（二）回归模型的优缺点

1. 回归模型的优点

在分析和预测因变量和自变量之间的关系时，可以使用回归模型，其优点主要体现在以下方面。

（1）表明自变量和因变量之间的显著关系。

（2）表明多个自变量对一个因变量的影响程度。

（3）有利于分析和衡量不同尺度的变量之间的相关影响，并帮助研究人员估计出最佳的一组变量，最终构建出科学有效的预测模型。

（4）适用于分析多因素模型，更为简单和方便。

（5）准确计量出各个因素之间的相关程度与回归拟合程度的高低，有助于提高预测方程式的效果。

（6）不仅可以进行预测并求出函数，还可以对结果进行残差的检验，提高检验模型的精度。

2. 回归模型的缺点

（1）回归模型比较简单，通常依靠经验选用影响因子和回归类型。

（2）回归方程式是一种推测，在分析某些情况时受到限制，具有不可测性。

（3）回归模型算法相对简易，掩盖了部分影响因子的交叉作用。

二、基于回归模型的土地利用变化驱动力分析

主成分分析方法可以确定应用区域土地利用变化的主要驱动因子，但无法对主要驱动因子在土地利用变化中的作用进行定量衡量，不能更加科学合理地为区域土地利用相关决策提供依据。然而，回归模型可以对驱动因子的作用和价值进行定量衡量，进而定量确定土地利用变化的原因，是研究土地利用变化的重要模型和重要工具。

（一）分析步骤

1. 找到主要的驱动因子

找到影响区域土地利用的主要驱动因子，可以通过主成分分析法明确主要的驱动因子。注意，不同的土地利用类型，其主要的驱动因子并不相同，需要针对具体的土地利用类型加以确定。

2. 选择和建立土地驱动力回归模型

在回归模型中，常见的回归分析方法有多种，各有优势和弊端，所以研

究者需要根据自身的需要灵活进行选择，并建立对应的回归模型。

3. 借助相关软件进行计算

在进行回归模型分析时，为节省计算时间并快速获得结果，可以借助相关的软件进行回归分析，如 SPSS 软件等。

4. 在软件中输入相关数据

在回归模型中，为准确获得相关数据和模型，往往需要借助具体的参数和自变量数值。因此，需要在软件中输入对应的数据进行回归分析，以得到对应的驱动因子和土地利用变化之间的回归模型。

（二）土地利用变化的多元回归分析

为更好地对区域土地利用变化的驱动机制进行研究，可以分门别类地进行土地利用变化的多元回归分析。

1. 农用地变化的多元回归分析

对农用地而言，自然环境（如降水量、气候、土壤等）和粮食总量生产、区域人口数量、第一产业比重等因素对区域农用地的变化有重要的影响。因此，可以选择重要的六个或九个驱动因子作为自变量，并利用 SPSS 软件对其进行回归分析，最终获得农用地变化和驱动因子之间的回归模型。

通过农用地变化的回归模型，可以找到影响农业用地变化的主要因素和定量影响程度，进而更加有针对性地制定对应的政策或措施。

2. 建设用地变化的多元回归分析

对建设用地而言，区域人口数量、社会经济发展水平、区域生产总值、工业生产总值等因素对区域建设用地的利用变化有着重要的影响和作用。因此，可以选择重要的六个驱动因子作为自变量，将建设用地面积作为因变量，并利用相关的回归模型分析软件对其进行分析，最终得到建设用地面积和驱动因子之间的回归模型。

通过建设用地变化的回归模型，可以找到影响建设用地变化的主要因素和定量影响程度，进而更加有针对性地制定对应的政策或措施。

3. 生态用地变化的多元回归分析

对生态用地而言，区域人口数量，气候、降水量、地形等自然环境因素，社会经济发展水平，区域景观格局等因素对区域生态用地的变化有着重要的影响和作用。因此，可以选择重要的驱动因子并将其作为自变量，将生态用地质量作为因变量，并建立对应的回归模型进行分析和预测，最终得到生态用地质量和驱动因子之间的回归模型。

通过生态用地变化的回归模型，可以找到影响生态用地变化的主要因素和定量影响程度，进而更加有针对性地制定对应的政策或措施。

第四节　基于土地利用变化模型的案例分析

五台山地区属于滹沱河流域上游水源地，位于京津冀水源地的上游地区，其生态环境状况会直接影响到下游华北地区的用水安全，因此属于主要生态环境保护区。同时，其矿产资源较为丰富，又属于忻州市工业发展的主要区域。因此，对该地区进行土地利用变化驱动力分析是十分有必要的。

本书首先利用 Markov 模型探讨研究区 2005—2020 年的土地利用与土地覆盖变化规律，并对影响因素进行 Logistic 回归分析。

一、研究五台山土地利用模型的方法

CA 模型是一种时间、空间、状态均离散，相互作用和因果关系皆为局部的网格动力学模型，能够对复杂地理过程进行模拟和预测。Markov 模型是基于马尔科夫过程系统而形成的一个过程理论模型，以达到预测和随机控制的目的。结合两者优势的 CA-Markov（时空马尔科夫）模型能够实现对时空演变的预测和模拟。

近年来，有不少学者应用 CA-Markov 模型进行区域土地利用的预测研究。该方法虽具有较高的准确度，但是基于土地利用状态转移概率矩阵的土地适应性分析无法准确反映驱动因素与土地利用类型分布之间的数量关系，所以多因素驱动的土地利用类型变化逐渐引起学者的关注。一些学者采用 Logistic 模型与 CA-Markov 模型相结合的方法进行预测研究，具体的研究方法如下。

（一）土地利用变化动态度

本书研究综合采用单一土地利用动态度和综合土地利用动态度对滹沱河流域各种土地利用类型的数量变化及总体土地利用数量变化情况进行动态分析。其数学公式如下：

$$K=\frac{U_b-U_a}{U_a}\times\frac{1}{T}\times 100\% \tag{5-8}$$

式中：K——研究区某种土地利用类型的动态度；

U_b、U_a——研究期末和期初某种土地利用类型数量；

T——研究时长。

$$L_c=\frac{\sum_{i=1}^{n}\Delta LU_{i-j}}{2\sum_{i=1}^{n}LU_i}\times\frac{1}{T}\times 100\% \tag{5-9}$$

式中：L_c——综合土地利用动态度；

LU_i——研究期初第 i 种土地利用类型的数量；

$\Delta LU_{i\text{-}j}$——研究期间第 i 种土地利用类型转化为非 i 种土地利用类型面积的绝对值；

T——研究时长。

（二）土地利用变化图谱

土地利用图谱能够以空间单元和时间单元合并而成的图谱单元定量表示土地利用与覆被格局变化。

利用研究区三期遥感影像数据，在 ARCGIS10.5 中采用地图代数方法生成研究区 2005—2010 年、2010—2015 年、2015—2020 年土地利用格局变化图谱，能够准确反映研究区土地利用时空变化规律。

（三）CA-Markov 模型

Markov 模型是对不同时期系统状态转移的定量描述，利用该模型对土地利用过程进行转换研究，可以获得不同时期土地利用状态之间的面积转移矩阵和面积转移概率矩阵。其数学公式可描述为

$$S_{ij}=\begin{bmatrix} s_{11} & s_{12} & \cdots & s_{1n} \\ s_{21} & s_{22} & \cdots & s_{2n} \\ \vdots & \vdots & \ddots & \vdots \\ s_{n1} & s_{n2} & \cdots & s_{nn} \end{bmatrix} \tag{5-10}$$

$$P_{ij}=\begin{bmatrix} p_{11} & p_{12} & \cdots & p_{1n} \\ p_{21} & p_{22} & \cdots & p_{2n} \\ \vdots & \vdots & \ddots & \vdots \\ p_{n1} & p_{n2} & \cdots & p_{nn} \end{bmatrix} \tag{5-11}$$

式中：i、j 分别代表转移前后的土地利用类型；

S_{ij}—土地利用面积转移矩阵；

P_{ij}—土地利用面积转移概率矩阵。

CA 模型中散布在规则格网中的每个元胞取有限的离散状态，遵循同样的作用规则、依据确定的局部规则做同步更新，其优点在于能够通过定义局部的元胞邻近关系，使用相对简单的局部转换规则，实现复杂系统的时空动态变化模拟，计算模型如下：

$$S_{t+1}=f(S_t,N) \tag{5-12}$$

式中：S_{t+1}——元胞在下一时刻的状态

S_t——元胞在上一时刻的状态

N——元胞邻域

f——局部空间元胞转换规则

CA-Markov 模型综合了 CA 模型模拟复杂空间动态变化的能力和 Markov 模型长期预测的优势，在模拟土地利用格局的时空变化时，具有预测精度高、空间分布格局可视化的优点。

本书研究利用 IDRISI 软件中的 Markov 模块和 CA-Markov 模块进行土地利用的模拟预测分析。首先用 Markov 模块计算研究区 2005—2010 年、2010—2015 年的土地利用面积转移矩阵，然后在 CA-Markov 模型中通过设置 30 m × 30 m 元胞、5 m × 5 m 邻域结构、元胞自动机循环次数为 10 等参数，以 2005—2010 年的土地利用面积转移矩阵为条件 1；以逻辑回归模型中得到的 2010 年土地利用适宜性图集为条件 2；模拟得到 2015 年研究区土地利用类型分布图，最后运用 IDRISI 软件中的 CROSSTAB 模型对预测精度进行评价。预测精度满足要求的条件下，以 2020 年为预测基期，对 2025、2030

年的土地利用格局进行预测。

（四）二元逻辑回归模型

逻辑回归模型是响应变量为事件发生概率的二元回归模型，其回归模型为

$$Y = \ln\frac{p_i}{1-p_i} = \beta_0 + \beta_1 x_1 + \beta_2 x_2 + \cdots \beta_n x_m \tag{5-13}$$

$$p_i = \frac{\exp\left(\beta_0 + \beta_1 x_1 + \beta_2 x_2 + \cdots \beta_n x_m\right)}{1+\exp\left(\beta_0 + \beta_1 x_1 + \beta_2 x_2 + \cdots \beta_n x_m\right)} \tag{5-14}$$

式中：p_i ——区域内某种土地利用类型出现的概率；

x ——土地利用类型分布的驱动力因素；

β_0——回归模型常数项；

$\beta_1 \sim \beta_n$——回归系数。

二元逻辑回归模型的拟合优度通常采用ROC曲线线下面积值来评价，其取值范围介于0.5～1，取值越接近1，诊断效果越好，取值大于0.75表示回归拟合结果准确性较高，能够满足要求。

山区土地利用与土地覆盖变化是一个非常复杂的过程，虽然本书研究中对CA-MARKOV模型中土地适宜性图集进行了改进，但是在土地利用政策不变的前提下选取了30 m × 30 m的尺度进行区域土地利用预测研究，未来土地利用与土地覆盖变化预测研究中应该加入政策因素的驱动以及进行不同时间、空间尺度优选，从而使研究结果具有更高实效性。当前预测结果可以在一定程度上为区域土地利用管理提供参考。

二、影响五台山地区土地利用变化格局的驱动力分析

利用IDRISI软件中逻辑回归分析得到海拔高度、坡度、坡向、气温、降水5项自然因素，人口密度、地均GDP、距居民点距离、距河流距离、距路网距离5项社会因素与6种土地利用类型空间分布之间的回归方程，关系见表5-1：

表 5-1 各因素对土地利用类型分布的标准化回归系数表

驱动力	土地利用类型					
	耕 地	林 地	草 地	水 域	建设用地	未利用地
常数项	9.594	-2.492	-3.699	17.755	11.528	-6.424
高程	-0.770	0.469	0.159	-0.920	-0.341	-0.248
坡度	-0.825	-0.490	-0.153	-1.087	-0.356	3.002
坡向	0.048	-0.045	-0.023	-0.029	0.022	-0.029
降水	0.101	-0.195	0.018			
气温	-0.601	0.196	0.182	-0.223	-0.659	-0.193
地均	2.691	-2.851	-0.002	-0.031		
人口密度	2.663	-0.001	-1.812	-1.190	5.768	0.073
距居民点距离		0.630	-0.18761	0.013	-0.896	-0.039
距道路距离	-0.661	0.421	0.158	-0.471	-1.086	0.713
距河流距离	0.635	-0.479	0.112	0.153		

由表 5-1 标准化回归系数可知，耕地分布的关键影响因素包括正向因素——地均 GDP 人口密度以及负向因素——坡度、高程、气温、距道路距离。坡度和高程值越大，耕地分布的可能性越小；距道路距离越近，耕地分布的可能性越大；由于山区谷地水热资源条件好，人口分布较集中，农业生产耕地面积大。影响林地分布的关键因素包括正向因素——高程距居民点距离，距道路距离以及负向因素——地均 GDP，山区林地在海拔高的区域分布概率大，受人类活动的影响，地均 GDP 相对较少的区域林地分布概率小。影响草地分布的关键因素包括负向因素——人口密度和正向因素——气温，气温较高的区域和人类活动干预少的地区草地分布概率高。影响水域分布的关键因素为负向因素——坡度和人口密度，地势越低，人口密度越小，水域分布的可能性越大。影响建设用地分布的关键因素是正向因素——人口密度和负向因素——距道路距离、距居民点距离，因为人口聚居、交通便捷的区域建设用地分布的可能性越大。影响未利用地分布的关键因素为正向因素——坡度和距道路的距离，距道路距离越远，未利用地分布概率越大。

三、五台山地区土地利用变化数据结果分析

（一）数据分析

基于 2005 年、2010 年、2015 和 2020 年的研究区土地利用变化数据，经过 Markov 模型分析得到研究区 15 年的各类土地利用动态变化和土地利用面积转移矩阵，具体见表 5-2 ～表 5-5。

表 5-2　2005—2020 年研究区各类土地利用动态变化

土地利用类型	土地利用动态度 /%		
	2005—2010	2010—2015	2015—2020
耕地	−2.66	−2.64	3.18
林地	2.20	−1.48	1.78
草地	−0.02	0.92	−1.57
水域	0.54	7.27	−5.56
建设用地	5.00	16.63	−1.56
未利用地	−4.30	6.06	−5.32
综合土地利用动态度 /%	16.73	9.82	21.86

表 5-3　2005—2010 年研究区土地利用变化面积转移矩阵

单位：hm^2

土地利用类型		2010 年					
		耕　地	林　地	草　地	水　域	建设用地	未利用地
2005 年	耕地	135 975.2	1 843.65	16 052.49	1 744.47	2 219.94	45.27
	林地	72.72	165 475.1	680.67	25.29	621.81	1.53
	草地	660.78	17 266.05	330 975.7	28.53	1 116.99	11.79
	水域	55.26	458.55	1 110.06	6 126.57	27.09	0.63
	建设用地	58.68	176.58	693.18	59.4	11 025.81	0
	未利用地	1.8	80.73	211.68	1.8	2.97	815.4

表 5-4　2010—2015 年研究区土地利用变化面积转移矩阵

单位：hm^2

土地利用类型		2015 年					
		耕　地	林　地	草　地	水　域	建设用地	未利用地
2010 年	耕地	113 531.67	1 785.24	15 027.75	1 667.34	4 774.68	40.50
	林地	192.42	165 701.97	16 637.22	449.82	2 225.16	95.40
	草地	4 002.30	3 979.35	333 981.72	1 149.21	6 429.87	183.87
	水域	54.45	31.14	32.49	7 619.85	246.51	1.80
	建设用地	1 028.61	27.00	165.60	6.39	13 776.57	10.80
	未利用地	0.63	1.80	7.56	0.63	56.34	807.66

表 5-5　2015—2020 年研究区土地利用变化面积转移矩阵

单位：hm^2

土地利用类型		2020 年					
		耕　地	林　地	草　地	水　域	建设用地	未利用地
2015 年	耕地	115 769.7	137.52	1 167.93	100.71	1 610.91	1.35
	林地	2 029.5	167 548.32	1 523.97	60.39	68.49	6.66
	草地	15 539.4	17 668.8	331 157.43	77.85	895.68	15.93
	水域	1 760.76	444.42	1 169.91	7 504.2	12.42	0.99
	建设用地	2 371.23	696.6	1 599.66	108.99	22 730.76	0.27
	未利用地	41.49	96.03	180.18	1.98	9.45	810.63

1. 建设用地

2005—2010 年，研究区土地利用动态度变化最大的为建设用地，面积比例呈不断上升的态势。

通过分析三个不同时期的转移矩阵可知，建设用地主要由耕地和草地转入，随着城镇化进程的加快，县级政府所在地城镇快速扩张，城镇周边的耕地被划入规划范围，从而使耕地转入建设用地；2010—2015 年工矿企业在生产建设过程中对距离城镇较远的草地的占用，使得草地转入建设用地面积在各类用地面积中占比最高。同时，在建设用地转为其他的各类用地中，耕地和草地占比最大，表明近年来该区域发展注重生态环境的恢复建设。例如，工业企业在煤炭资源、有色金属资源开采之后将工矿用地因地制宜地实施各项土地复垦及土地整理措施，将建设用地恢复为草地和耕地；同时通过落实易地搬迁政策、农用地增减挂钩政策将偏远区域人口密度小的自然村居民宅基地等建设用地逐步恢复为草地。

2. 耕地

研究期间耕地面积比例呈先小幅下降后大幅上升的趋势，面积比例土地利用动态度由前期的 –2.66% 到中期 –2.64% 到后期的 3.18%。前期耕地主要转出为草地、建设用地和林地，转移面积分别为 16 052.49 hm^2、2 219.94 hm^2、1 843.65 hm^2，中期转移面积为 15 027.75 hm^2、4 774.68 hm^2、1 785.24 hm^2，后期转移面积为 1 167.93hm^2、1 610.91 hm^2、137.52 hm^2。

根据土地利用转移图谱与高程图、坡度图的空间叠加分析可知，研究期间耕地转为草地的区域主要集中于海拔低于 1 200 m、坡度小于 10° 的城镇边缘地区，而且斑块空间分布破碎，其余转移区域集中于坡度为 15° 的区域。耕地转移为林地的区域主要为林果业种植区，主要是由于地方政府积极进行农业结构调整，引导具有区位优势的区域农业发展方式由传统种植业向具有比较优势的经济林果业转变，促进当地农民进行土地流转的积极性，达到了农民增收、农业增产的效果。坡度为 15° 的区域主要作为区域生态用地功能区，区域林业及农业部门积极落实国家对易造成水土流失的耕地严格实施退耕还林还草政策要求。耕地转移为建设用地的区域主要集中分布于河谷地区城镇周边坡度小于5° 的区域，主要是近20年随着区域城镇化进程加快，城乡建设占用较多耕地；同期研究区域内其他地类也不断向耕地转移。其中，转入耕地比例最大的是草地，而且草地转入耕地的面积大幅上升，主要集中于坡度小于 10° 的区域。河流滩地周围的土壤肥力高、易于耕作种植，随着区域农业种植机械化水平的提高，河滩草地不断地被开垦为耕地。其次为林地和建设用地。分布于代县境内废弃工矿用地等建设用地通过土地整治工程补充耕地，进而保障区域耕地安全。2015—2020 年间林地和建设用地转移为耕地的面积远大于 2005—2015 年林地建设用地向耕地转移的面积。2015—2020 年间，1 760.76 hm^2 水域转为耕地，集中分布于靠近村庄的河道两侧。由于近五年河床宽度逐渐变窄，河道周边水土条件好，因此选择在河道周边的河漫滩地种植农作物。

3. 林地

研究期间林地面积比例呈波动上升趋势而且土地利用动态度呈现先下降后上升的趋势，由前期的 2.20% 下降到中期 –1.48%，后期又增加到 1.78%，下降幅度小于上升幅度。林地在前、中、后三期转为草地的面积分别为 680.67 hm^2、16 637.22 hm^2 以及 1 523.97 hm^2，空间集中分布于代县和繁峙县境内南部坡度为 15° ～ 20° 、海拔约 1 500 m 的山地地区，主要原因是陡坡地区黄土沙砾沉积物极易产生水土流失导致土壤贫瘠化，进而出现林地的退化。林地转为建设用地的区域主要集中于海拔为 1 300 ～ 1 500 m 的代县南部山地与五台县西北山地的交接地带。前、中、后三期林地转为耕地的面积分别为 72.72 hm^2、192.42 hm^2 以及 2 029.5 hm^2。前期和中期林地转为耕地的区域面积较小，后期林地转为耕地的区域面积明显增加，主要集中于坡度为 0° ～ 10° 的滹沱河谷地一带的区域。

4. 草地

草地是区域土地利用格局的基质景观。研究期间，草地面积比例出现波动下降的趋势，中后期土地利用动态度明显高于前期土地利用动态度，并且草地转出为耕地、林地的同时，也有大量的耕地和林地转入草地。研究期间，草地主要转出为林地的区域中，主要是由于农户对宜林荒山、荒坡的承包种植以及区域生态环境不断改善在一定程度上促进了草地向林地的转移。同时，耕地、林地及建设用地也在向草地转移，耕地转化为草地的面积在前期占比高，但在 2015—2020 年耕地转为草地的区域面积明显下降，主要是由于城乡收入差距大，大量农村居民进城务工，导致耕地撂荒。而在 2015 年后由于城镇化进程的加快及就地城镇化战略的实施，使农民在距离乡村较近的城镇务工的同时可以继续在集体所有的土地上耕种，同时由于土地流转政策的实施，集体经济组织进行大规模农业种植，尤其是位于城镇周边的土地得到了高效的利用，有效抑制了耕地撂荒的现象。

5. 水域

水域面积呈现先增加、后减少的现象，主要是由于近年来滹沱河河道生态治理及代县、繁峙县水利公园的建成增加了河流的积蓄水面积，水域面积减少区域主要集中于滹沱河各支流河道两侧。

6. 未利用地

研究区未利用地面积所占比例最少。未利用地的变化主要集中于未利用地与草地之间的转移变化。前期未利用地主要转出为林地和草地，中期增加的未利用主要由林地和草地转入，后期未利用地面积增加主要转出为林地和草地。2010—2015 年，草地转为未利用地的区域分布于五台山附近的坡度为 15° ～ 25° 区域，五台山草地存在不同程度的退化现象，后期区域植被覆盖增加，未利用被恢复为林草地。

（二）结论分析

（1）2005—2020 年研究区草地占主体地位，面积逐年减少，耕地也呈减少趋势，且主要转变为草地，在一定程度上说明区域退耕还草生态工程成效显著，同时也表明区域存在弃耕现象。林地、草地之间转换频繁，而且林地转草地的总面积大于草地转为林地的面积；由于山地丘陵区域自然条件较差，今后应加强对林地的保护，防治林地退化。建设用地呈先增加后减少的趋势，在一定程度上表明区域建设用地使用更为合理，未利用地面积呈先增加后减少的趋势，水域面积呈现先增加后减少的趋势。

（2）2005—2020 年研究区综合土地利用动态度呈现出先下降后上升的趋势，整体土地利用变化速率较低，但各种土地利用类型变化速率差异较大，其中建设用地变化速率最大，林地土地利用动态度呈现先上升后下降的趋势，说明林地面积减少的速度先增加后降低，林地退化趋势得到一定的遏制，今后在退耕还林还草的同时，还应继续加强对林草地的管护。同时要严格限制工矿用地等对林地、草地的占用。耕地的土地利用动态度先小幅变化后大幅上升，说明耕地数量得到补充，今后应加强耕地管护，提高耕地质量。

第六章　区域土地可持续利用评价

土地可持续利用研究是土地利用变化机制的关键领域之一，主要包括土地利用方式和方法的可持续性、土地利用类型与结构的可持续性、土地利用变化过程的可持续性等内容。

在区域土地可持续评价过程中，不仅需要考虑土地生产力和经济效益的提高，还要考虑生态环境安全问题。

第一节　构建区域土地可持续利用评价指标体系

土地可持续利用的本质是“土地现状功能的持续维持和提高”，土地可持续利用评价是指在特定时期、特定地区，对土地资源利用的生产性、保护性、安全性、可行性以及可接受性五个目标进行评价，为土地可持续利用提供完整的思路和线路，反馈调控土地利用行为，最终提高土地资源开发和利用的效率。

一、土地可持续利用评价类型

土地可持续利用是一种动态发展的过程，是指以土地可持续利用目标为导向的土地评价，具有地域特性和过程特性。

土地可持持续利用评价是指，针对土地利用的持续性和土地利用现状而做出的评价，包括定性评价和定量评价两类。广义的土地可持续利用评价包括以下几个方面。

（1）土地质量评价。

（2）土地生产潜力评价。

（3）土地使用制度评价。

（4）土地资产评估和土地利用效果评价。

（5）土地投入产出评价。

（6）土地管理效益评价。

与土地可持续利用密切关联的评价类型主要有土地资源综合承载力评价、资源环境承载能力评价、国土空间开发适宜性评价、土地可持续利用综合评价等。

（一）土地资源综合承载力评价

1. 土地资源综合承载力概念

土地资源综合承载力是指在一定时期，空间区域内，一定社会、资源、经济、生态和环境条件的约束下，土地资源可以支撑的最大国土开发强度和规模，是国家出台土地调控政策的重要依据，为土地利用规划方案的形成、合理性评判提供重要的支撑。

土地资源综合承载力评价的基本任务是在生态条件和环境本底调查、区域资源禀赋调查等基础之上，开展识别国土开发的资源环境短板工作，并对其进行适宜性和综合限制性评价，从而判定区域土地综合承载状态，提出对应的提升对策。

土地资源综合承载力评价包括适宜性评价和限制性评价。前者包括人口、区位和经济等要素；后者包括自然生态、水资源、地形地貌、耕地资源、大气环境等要素。

2. 土地资源综合承载力评价指标体系

为更好地评价区域土地资源综合承载能力，则需要构建对应的评价指标体系，以进行客观公正的评价。

土地资源综合承载力评价可以从土地资源、水资源、环境质量和生态条件层面出发。这些要素不仅直接影响土地资源承载能力和状态，而且相互独立、相互联系，可以科学合理评价土地资源的综合承载能力。根据这些要素可以制定出更加具体的一级评价指标和二级评价指标，见表 6–1。

表 6–1　土地资源综合承载力评价指标

评价指标指标类型	一级评价指标	二级评价指标
土地资源	建设用地压力状态指数	建设用地现状开发程度
		建设用地布局匹配程度
	耕地开发状态指数	人均基本农田生产能力
		人均耕地生产能力
		耕地开发利用程度
水资源	水资源承载指数	农业水资源利用量
		可利用水资源潜力
		工业和生活水资源利用量
	水土资源匹配指数	农业用水与耕地匹配指数
		工业和生活用水与城镇工矿用地匹配指数
环境质量	大气环境质量指数	空气质量优良（二级以上）天数比重
	水环境质量指数	劣 V 类水体比例
生态条件	生态退化指数	生态用地面积变化指数
		土地退化指数

在实际的操作和评价过程中，各个区域可以根据土地利用的具体情况进行调整，而非局限在特定的评价指标体系之中。

（二）资源环境承载能力评价

资源环境承载能力是指国土空间内环境容量、自然资源以及生态服务功能对人类活动的综合支撑水平。

简单来说，资源环境承载能力评价是对生态环境本底和自然资源禀赋的综合评价。可以据此确定土地资源在生态保护、城镇建设、农业生产等功能的承载力等级。

在资源环境承载能力评价中，其评价方法大致有两类，即单向评价和集成评价，前者是指针对单项评价要素进行评价，其评价结果具有针对性；后者是指在单项评价的基础上，对资源环境承载能力进行集中评价，其评价结果具有综合性。

1. 单项评价

对资源环境承载能力进行单项评价，可以按照评价对象和尺度差异（国家、省、市）选择评价指标，并分别针对土地资源、水资源、海洋资源、环境、生态、灾害等要素进行评价，见表 6–2。

表 6-2　单项评价的主要表征和评价指标

单项评价的要素	主要表征	功能指向	评价指标	注意事项
土地资源评价	区域土地资源对农业生产、城镇建设的可利用程度	城镇功能和农业功能	城镇建设条件、农业耕作条件	注意扣除湖泊、河流以及水库等水面区域
水资源评价	区域水资源对农业生产和城镇建设的保障能力	城镇功能和农业功能	区域水资源的丰富程度（如总量和降水量）	
海洋资源评价	区域海洋资源（仅滨海地区）对农业生产和城镇建设的可利用程度	海洋牧场和港口建设功能	资源利用条件，通过初级生产力、水深和岸线等指标反映	注意结合区域海洋资源禀赋条件
生态评价	区域生态系统对农业生产和城镇建设的保护功能	城镇功能和农业功能	生物多样性、生态敏感性、水源涵养能力、水土保持能力等	
环境评价	对经济社会活动产生污染物的承受能力、环境条件（如光照、热量、通风等）对城镇建设和农业发展的支撑能力	城镇功能和农业功能	农业生产气候和环境条件、城镇建设环境条件，通过土壤环境容量、光热条件、大气、水等综合反映	评价海洋环境条件对海洋牧场的支撑能力时，注意将海洋牧场水动力作为评价指标
灾害评价	区域灾害对农业生产和城镇建设的影响	城镇功能和农业功能	气象灾害风险，通过干旱、寒潮、洪涝等灾害影响大小和可能性进行综合反映；地质灾害危险性，通过崩塌、断层、泥石流、滑坡等地质灾害影响大小和可能性进行综合反映	注意对海洋牧场功能和滨海城镇建设进行评价时，需选择不同的评价指标

2. 集成评价

集成评价是根据单项评价结果，在农业生产、城镇建设、生态保护功能指向下的综合评价，可以将相应的资源环境承载能力划分为五个等级（高、较高、一般、较低、低），应遵循以下基本准则。

（1）评价等级较高的区域，其土地资源应具备良好的水源涵养、防风固沙、水土保持、生物多样性维护以及海岸防护等生态功能。

（2）承载能力较高的区域，其土地资源应具备较好的水土资源基础，且可以支撑农业生产和城镇建设。

（3）承载能力较高的区域，其土地资源应具备较好的生态环境本底，即要求环境容量较高、生态功能较高。

（4）资源环境承载能力会受到自然灾害的约束。一般而言，自然灾害危险较高的区域，其资源环境承载能力较弱。

（三）国土空间开发适宜性评价

国土空间开发适宜性是指国土空间对城镇建设、农业生产、生态保护等方面不同开发利用方式的适宜程度，可以分为以下程序和步骤。

1. 全域适宜性评价

国土开发适宜性评价是将全域空间划分为不同的区域，并对其适宜性进行等级评价。例如，将全域划分为生态保护极重要区、重要区、一般区、农业生产适宜区、一般适宜区、不适宜区；城镇建设适宜区、一般适宜区、不适宜区；等等。

其划分依据和规则如下：结合地块连片度与综合优势度划分为农业生产适宜区、一般适宜区、不适宜区；结合斑块集中度和生态廊道重要性划分为生态保护极重要区、重要区、一般区；结合地块集中度和综合优势度，划分为城镇建设适宜区、一般适宜区、不适宜区。

2. 适宜性潜力评价

农用地适宜性潜力区是指在农业生产适宜区的基础之上，扣除生态保护重要区域、连片分布的林地与优质草地、不适宜作为耕地的园地、坑塘、海洋牧场、难以满足现代农业生产的细碎地块等，是农业生产适宜区的剩余可用空间。

同样，建设用地潜力区则是指在城镇建设适宜区的基础之上，扣除不适宜用作建设用地的细碎地块，识别城镇建设适宜区的剩余可用空间。

在对国土空间开发适宜性进行评价时，有必要扣除一些不必要的区域，这样才能获得更为公正客观的评价结果，更好地评估国土空间开发的适宜性潜力。

3. 综合分析

综合分析包括空间格局特征分析、问题和风险识别、潜力分析三个部分。

（1）空间格局特征分析。根据农业生产、城镇建设、生态保护功能指向的国土空间开发适宜性全域评价结果，总结分析区域农业生产、城镇建设、生态保护的空间格局特征。

需要注意的是，进行省级评价时，可以将县级行政区作为评价单元，进行市级或县级评价时，则可以将乡镇作为评价单元。

（2）问题和风险识别。将国土空间开发适宜性全域评价结果与土地利用现状进行对比分析，识别土地保护利用中的问题、冲突和风险。

（3）潜力分析。分析农业生产适宜区剩余可用空间的规模，利用现状及空间分布特征，按照土地综合整治有关要求，结合水资源约束等条件，估算可利用后备耕地规模。

（四）土地可持续利用综合评价

土地可持续利用综合评价是对区域土地利用系统的可持续利用状态和潜力进行评价，需要构建土地可持续利用综合评价指标体系，并选择相应的评价方法，以得出科学合理的评价结果。

目前，土地可持续利用综合评价指标和方法仍在探索和完善之中，其构建模式主要包括三种：一是基于经济可持续性、生态可持续性、社会可持续性维度构建评价指标体系；二是基于土地可持续利用目标构建评价指标体系，即从土地利用生产性、可行性、安全性、稳定性、保护性和可接受性五个方面出发进行构建；三是基于压力－状态－响应（PSR）理论构建评价指标体系。

二、土地可持续利用评价指标的选取标准

土地可持续利用标准体系以土地可持续利用为基本目标，其衡量着土地利用状况，反映着土地利用的趋势，具有重要的价值和功能。因此，在选取评价指标时，每个指标应当可以反映出土地可持续利用的程度，其选取标准如下：

（1）可以描述和反映某一时间各类土地利用的水平和状况。

（2）可以用来定义土地可持续利用的目标值。

（3）可以评价和监测某一时期内土地利用变化的结构，可以反映出土地利用时序变化规律和演化过程。

（4）具备综合评价基础的前提下，可以进行单项评价。例如，人口发展的水平和能力指标，不仅可以评价区域土地可持续利用现状，还可以评价区

域经济发展水平。

（5）可以综合衡量土地利用的协调度，包括土地可持续利用管理调控能力、土地可持续利用度（包括强可持续利用、弱可持续利用和不可持续利用三类）、土地利用法规保障能力。

三、区域土地可持续利用评价指标

在对区域土地进行可持续利用评价时，由于其土地利用类型和用途有所差异，在进行具体评价时，其评价指标必然不会完全相同。

为实现土地可持续利用的目标和功能，可以将其评价指标体系划分为三层：一是准则层，即土地可持续利用的准则目标；二是子目标层，即土地可持续利用的评价层，涵盖土地的经济效益、社会效益等评价指标；三是指标层，即具体的评价指标。

（一）农用地可持续利用评价指标

在对农用地进行可持续利用评价时，可以从生产力准则、安全性准则、保护性准则、经济活力性准则、协调性准则等方面出发，并明确其具体的评价指标，见表6-3。

表6-3　农用地可持续利用综合评价指标体系

准则层	子目标层	指标层
生产力	土地生产潜力指标	粮食作物单位播种面积产量
		油料单位播种面积产量
		牧草地单位面积产量
		林地单位面积产量
		人均占有量
安全性	土地基础设施建设水平指标	有效灌溉面积比例
		防护林面积比例
		公路用地比例
		防洪排涝体系面积比例
	抵御自然灾害水平指标	防洪防涝体系完善程度
		灌溉体系完善程度
		高产稳产田面积占耕地总面积的比例

续 表

准则层	子目标层	指标层
保护性	耕地保护水平	耕地警度判别系数
		耕地肥力水平
		基本农田保护面积比例
	土地退化水平	土壤污染面积比例
		土壤盐渍化面积比例
	土地利用多样性指数	土地利用结构多样性指数
		土地经营多样性指数
	水质指数	地下水质、水资源平衡和硝酸盐氮含量
经济活力性	土地利用集约水平	耕地劳动力比率
		化肥施用量
		技术和财政投入
		单位面积耕地农业机械总动力
	土地利用水平	土地利用率
	土地收益水平	基准地价增长幅度
协调性	用地协调水平	土地利用规划实施程度
		城市化水平
		城镇体系规划实施程度
	土地利用结构优化水平	农业内部结构调整幅度
		城镇用地增长弹性系数
		主要农作物播种面积比例变化幅度
	基础设施支持水平	公路用地和区域总面积比例
	经济效益水平	区域历年 GDP 增长率
		农民人均纯收入
		林业、农业、渔业等行业的投入－产出比
社会可接受	科技进步接受水平	农村劳动力素质
		良种推广面积比例
	社会稳定水平	区域内经济发展平衡水平
		土地征用影响的就业率
	土地管理水平	土地公示制度
		违法用地案件数量
		土地产权纠纷案件数量

1. 生产力准则方面指标

在土地生产过程中，主要作物单位面积产量变化和光温生产潜力揭示着农作物的生产潜力。因此，可以根据具体情况选择相应的指标，其指标如下：

（1）粮食作物单位播种面积产量。

（2）油料单位播种面积产量。

（3）牧草地单位面积产量。

（4）林地单位面积产量。

（5）人均农用地占有量。

2. 安全性准则方面指标

安全性指标主要体现在农用地方面，其评价指标具体包括以下几个方面的内容。

（1）土地基础建设水平指标：有效灌溉面积比例、防护林面积比例、公共用地比例、防洪排涝体系面积比例等。

（2）抵御自然灾害水平指标：防洪防涝体系完善程度、灌溉体系完善程度、高产稳产田面积占耕地总面积的比例等。

3. 保护性准则方面指标

保护性指标包括四个评价因子，分别为耕地保护水平、土地退化水平、土地利用多样性指数、水质指数。

（1）耕地保护水平包括三个评价指标，即耕地警度判别系数、耕地肥力水平、基本农田保护面积比例。

（2）土地退化水平包括两个评价指标，即土壤污染面积比例、土壤盐渍化面积比例。

（3）土地利用多样性指数包括两个评价指标，即土地利用结构多样性指数、土地经营多样性指数。

（4）水质指数则采取地下水质、水资源平衡和硝酸盐氮含量三个评价指标对其进行有效评价。

4. 经济活力性准则方面指标

经济活力性准则指标包括土地利用集约水平、土地利用水平、土地收益水平三个指标，具体包括以下内容。

（1）土地利用集约水平包括耕地劳动力比率、化肥施用量、技术和财政投入、单位面积耕地农业机械总动力等指标。

（2）土地利用水平包括土地利用率等指标。

（3）土地收益水平包括基准地价增长幅度等指标。

5. 协调性准则方面指标

协调性准则指标包括用地协调水平、土地利用结构优化水平、基础设施支持水平、经济效益水平等指标。

（1）用地协调水平包括土地利用规划实施程度、城市化水平、城镇体系规划实施程度三个指标。

（2）土地利用结构优化水平可以用三个指标进行评价，即农业内部结构调整幅度、城镇用地增长弹性系数、主要农作物播种面积比例变化幅度等指标。

（3）基础设施支持水平可以通过公路用地和区域总面积比例进行反映。

（4）经济效益水平可以用三个指标进行评价，即区域历年 GDP 增长率、农民人均纯收入以及林业、农业、渔业等行业的投入 – 产出比。

6. 社会可接受准则方面指标

社会可接受准则指标包括科技进步接受水平、社会稳定水平、土地管理水平等。

（1）科技进步接受水平包括农村劳动力素质、良种推广面积比例等指标。

（2）社会稳定水平包括区域内经济发展平衡水平、土地征用影响的就业率等指标。

（3）土地管理水平包括土地公示制度、违法用地案件数量、土地产权纠纷案件数量等。

（二）建设用地可持续利用评价指标

建设用地可持续利用指标是衡量土地资源、经济、环境和社会长久健康和协调发展的标准，其评价准则应当遵循经济可行性、社会可接受性、生态合理性。为更好地评价生态用地可持续利用，本书将评价指标分为三个层次，其评价指标体系及其层次结构见表 6–4。

表 6-4　建设用地可持续利用综合评价指标体系

准则层	子目标层	指标层
生态合理性	环境质量提高评价指标	区域绿地覆盖率
		人均公共绿地面积
	污染治理效果	环保投资占比 GDP 比重
		工业废气处理率
		工业废水处理率
		工业固体废弃物综合利用率
		环境噪声达标区覆盖率
经济可行性评价指标	用地结构合理评价指标	居住用地比重
		公共设施用地比重
		道路用地比重
		工业用地比重
		绿地比重
		建成区用地扩展系数指标（建成区面积扩展速度和非农人类增长速度的比值）
	用地经济效益评价指标	建成区单位用地经济总产值
		单位面积商业用地社会商品零售额
		单位面积工业用地工业总产值
		第三产业增加值占 GDP 比重
社会可接受性评价指标	人地关系协调化评价指标	人均耕地面积
		建成区人口密度
		人均居住用地面积
		人均道路广场用地面积
	城市用地管理调控科学化评价指标	土地利用规划的操作性
		政策法规的持续性
		城镇建设的公众满意度
		相关规划的协调度

在构建评价指标体系时，应当根据建设用地利用的现状特点，采用“生态－经济－社会”的评价指标体系，避免指标由于过大过全因而丧失评价的科学性。

1. 生态合理性评价指标

建设用地可持续利用评价中指标的选取应当根据城市土地利用的特性，并结合土地利用对城市土地生态系统的影响机制综合进行选取。

建设用地利用对生态环境的作用可以分为正作用和负作用。例如，增加绿地面积可以从根本上优化城市的生态系统、提高城市环境的质量，起着正面的积极作用；污染企业的不合理布局将会污染环境，导致生态系统的恶性循环，起着负面的消极作用。因此，生态合理性评价指标应当包括两大类，即环境质量提高评价指标、污染治理效果评价指标，并根据子目标层，结合区域建设用地的现状，以灵活确立具体的指标层。

2. 经济可行性评价指标

城市土地经济系统评价主要通过城市土地利用的经济效益进行衡量，而土地利用结构决定着土地利用功能，所以要想提高土地利用功能和效益，就应当优化土地利用结构。因此，经济可行性评价指标应当从以下目标层出发：一是土地利用经济效益的实现；二是城市土地利用结构的合理性。

3. 社会可接受性评价指标

社会可接受性评价主要是评价城市土地利用是否符合社会发展的经济观和文化观，是否实现土地利用与社会经济发展协调化、人地关系协调化等，因此其子目标层应当包括以下方面：一是人地关系协调化指标；二是城市用地管理调控科学化指标。

（三）生态用地可持续利用评价指标

与农用地、建设用地相同，在评价生态用地可持续利用时，同样应当遵守社会可接受性、生态合理性等原则，其评价指标和评价指标体系层次见表6–5。

表6–5　生态用地可持续利用综合评价指标体系

准则层	子目标层	指标层
生态效益评价指标	环境质量评价指标	自然灾害发生率
		人均生态用地面积
		公众对环境的满意度
	区域绿化评价指标	森林覆盖率
		人均公共绿地
		自然保护区覆盖率
	环境治理评价指标	生物多样性
		退化土地恢复治理度
		城市生活污水处理率
		工业废水排放达标率
		基本农田保护率
经济效益评价指标	经济发展状况评价指标	人均 GDP
		GDP 增长率
		产业结构
		生态用地产值占总产值比例
	土地利用状况评价指标	生态用地利用率
		生态用地单位产量
		生态用地适宜性评价
		区域生态用地单位产值
		区域土地利用综合效益

续 表

<table>
<tr><th>准则层</th><th>子目标层</th><th>指标层</th></tr>
<tr><td rowspan="9">社会效益评价指标</td><td rowspan="2">人口状况</td><td>人口数量和密度</td></tr>
<tr><td>平均人口寿命</td></tr>
<tr><td rowspan="3">社会发展水平</td><td>恩格尔系数</td></tr>
<tr><td>人均居住面积</td></tr>
<tr><td>人均收入水平</td></tr>
<tr><td rowspan="2">社会稳定状况</td><td>失业人口比例</td></tr>
<tr><td>法规完善程度</td></tr>
<tr><td rowspan="2">科技发展程度</td><td>专利创新率</td></tr>
<tr><td>区域人口知识结构</td></tr>
<tr><td rowspan="4">调控能力评价指标</td><td colspan="2">政策支持程度</td></tr>
<tr><td colspan="2">监督管理水平</td></tr>
<tr><td colspan="2">群众支持程度</td></tr>
<tr><td colspan="2">管理费用 / 总支出</td></tr>
</table>

在构建评价指标体系时，应当根据生态用地的现状特点，采用“生态－经济－社会－调控能力”的评价指标体系，避免指标由于过大过全因而丧失评价的科学性。

1. 生态效益评价指标

生态用地可持续利用评价中指标的选取应当根据生态用地利用的特性，并结合土地利用对生态系统的影响机制综合进行选取。

生态效益评价指标应当包括三大类，即环境质量评价指标、区域绿化评价指标、环境治理评价指标，并根据子目标层，结合区域生态用地的现状，以灵活确立具体的指标层。

2. 经济效益评价指标

生态用地的经济系统评价主要通过生态用地的经济效益进行衡量，要想提高生态用地的利用功能和效益，就应当优化生态用地利用结构。

因此，经济效益评价指标应当从以下目标层出发：一是经济发展状况评价指标；二是土地利用状况评价指标。

3. 社会效益评价指标

社会效益评价主要是评价生态用地利用是否符合社会发展的经济观、文化观和生态观，是否实现土地利用与社会经济发展协调化、人地关系协调化等。

因此，其子目标层应当包括以下方面：一是人口状况；二是社会发展水平；三是社会稳定状况；四是科技发展程度。

4. 调控能力评价指标

调控能力体现着区域对土地利用进行调控的水平和方式，是实现土地可持续利用的前提和基础，有必要对其进行评价，可以选取四个指标，即生态用地的政策支持程度、生态用地的监督管理水平、群众支持程度以及管理费用/总支出。

四、常用的土地可持续利用评价方法

在对区域土地可持续利用进行评价时，可以采取综合评价的方法，以获得更加科学合理、公正客观的评价结果。

（一）综合评价的概念

所谓综合评价方法，是指运用多个指标对多个单元进行评价的方法，因此又被称为多变量综合评价方法。

需要注意的是，在对事物进行综合评价的过程中，并不是按照指标的顺序依次完成，而是往往通过特殊的方法同时评价多个指标，从而得出科学合理的评价结果。

在综合评价过程中，需要根据指标的重要性进行加权处理，以获得更为科学公正的评价结果，该方法具有以下特点和作用。

总之，在综合评价过程中，需要把握三个方面的可行性和科学性，即指标的选择、权数的确定。

（二）综合评价方法的特点

（1）在综合评价方法中，通常运用多个指标对多个单位进行评价，可以有效避免一般评价方法产生的局限性。

（2）在使用过程中，可以根据指标的重要性进行加权处理，使得评价过程更加灵活、评价结果更加科学。

（3）评价结果不再是具体的统计指标，而是以分值表示参评单位的“综合状况”，具有可比性。

（三）综合评价方法的作用

在实际应用中，通常采用综合评价方法对研究对象进行系统评价，其作用主要体现在以下方面，如图 6–1 所示。

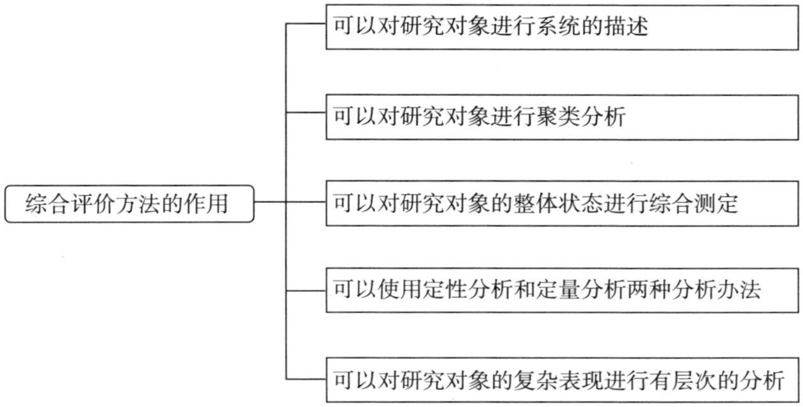

图 6–1　综合评价方法的作用

五、区域土地可持续利用评价的目标和意义

土地可持续利用是土地利用的最终目标和发展要求，通过对土地可持续利用的程度进行评价，可以及时发现土地利用中存在的问题和制约因素，通过评价促进区域土地利用的改进和完善，具有重要的作用和意义。

（一）区域土地可持续利用评价的目标

区域土地可持续利用系统是一个多层次、多数量、相互重叠、相互反馈的复杂系统，因此可以通过建立评价模型对其进行评价，以达到以下目标。

（1）完成对区域土地可持续利用实现程度的定量评估。

（2）分析和评价各个指标变量对区域土地可持续利用的影响程度和影响方向。

（3）为制定区域土地可持续利用相关政策提供决策依据。

（二）区域土地可持续利用评价的意义

区域土地可持续利用评价有机综合了区域土地生态经济评价、区域土地潜力评价、区域土地适宜性评价等内容，并探求它们在时间上的延伸。在区域土地可持续利用评价中，包括对区域土地利用方式的现状功能评价、对区域土地未来发展的预测性评价等内容，通过客观科学的评价，对区域土地利用的经济、自然和社会属性进行分析和研究，对区域土地资源持续性程度进行衡量，有助于确定区域土地利用系统存在的问题和当前所处的状态，并为改进区域土地利用管理方式、完善区域土地利用规划提供重要的依据。

因此，区域土地可持续利用评价是区域土地可持续利用研究由理论到实践的必经途径，同时是开展区域土地利用规划和制定区域土地利用制度的重要依据，通过对区域土地资源的可持续利用评价，有助于实现区域土地资源的高效利用和可持续发展。

第二节　区域土地可持续利用评价原则

区域土地可持续利用评价应当建立在充分认识、系统研究土地开发利用现状的基础之上，其评价结果必须满足以下要求：一是可以客观反映土地利用发展的状态；二是可以很好地度量区域土地可持续利用目标的实现程度。在构建区域土地可持续利用评价指标体系时，应当遵循以下几个原则，如图6–2所示。

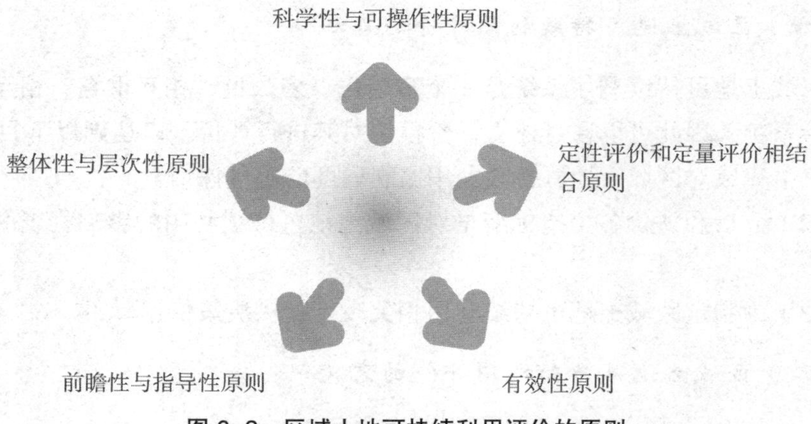

图 6–2　区域土地可持续利用评价的原则

一、科学性与可操作性原则

评价是手段，其目标并非评价本身，而是通过评价进而推动土地可持续利用程度的提高。因此，评价必须具有导向性和科学性，其评价指标和量化权重应当做到科学和客观，不仅需要做到面面俱到，还需要各有侧重。

（一）科学性原则

评价指标的选择应当尽可能反映出土地可持续利用的价值取向，应遵循科学性原则，以构建出具有明确导向的评价指标体系。为使得土地可持续利用可以更加有效开展且导向明确，需要建立科学、完整的评价指标体系。

首先，将区域土地资源根据不同的用途和性质进行划分，如划分为农用地、建设用地和生态用地等，并针对不同的土地利用类型建立对应的评价指标体系进行评价，以便于地方政府按照自身的实际条件进行评价，获得客观公正的评价结果，最终促进区域土地可持续发展。

其次，建立科学的区域土地可持续利用评价与导向，应当建立以土地可持续利用为中心的考核目标，并针对这一中心目标进行有效评价。通过评价区域土地是否达到可持续利用目标，并提出对应的建议或措施，进而促进区域土地资源的充分利用和健康发展。

（二）可操作性原则

在土地可持续利用评价指标体系中，其指标的选取必须考虑指标量化和指标数据取得的可靠性和难易程度，遵循可操作性原则，这样才能建立切实可行的评价指标体系。

首先，在评价指标体系方面，其评价指标体系具备以下标准：指标内容简单明了、易于理解；指标具有可比性、容易获取；评价过程容易操作、计算简单；指标数据收集渠道畅通等。

其次，在土地可持续利用评价的方法方面，选择合理的评价方法十分关键，在这一个过程中同样需要遵循可操作性原则，以获得客观公正的评价结果，其过程如下：通过选择数学统计方法将土地利用结构、土地利用演变趋势等进行定量测算，使得指标数据转化为具有决策参考价值的量化数据，最终为土地可持续利用提供依据。

二、整体性与层次性原则

土地可持续利用评价指标体系是一个有机的整体，其必须反映出土地利用的客观性、全面性和总体性。设置或选取的土地可持续利用的评价指标应当满足两个要求：一是从各个角度反映出被评价区域土地的主要特征状况；

二是反映出区域土地利用的动态变化及其趋势。

综上所述，为保证土地可持续利用评价指标体系的客观性、公正性和科学性，应当遵循整体性和层次性原则进行设置。

（一）整体性原则

整体性原则是指在对区域土地可持续利用进行评价时，需要对区域土地可持续利用模式的各个要素和各个方面进行全方位、多角度评价，因此其评价指标体系应当尽量避免以偏概全、以点带面的现象发生，其具体要求如下：

（1）各项评价指标应当清晰准确、直观可测，具有客观的评价标准。

（2）各项评价指标的权重应当科学合理，注意选择和突出核心指标，尽量避免只顾局部而忽视全局，只顾眼前统计数据而忽视日后可能发生的变化。

（3）评价指标体系作为一个整体的系统，应当具备一定的结构和层次，即在各个指标的组合形式上做到主次分明、层次得当，以形成紧密联系的有机整体。

（二）层次性原则

层次性原则是指在对区域土地可持续利用进行评价时，由于其涉及内容和层面较多，为保证评价工作的顺利进行，应当遵循层次性原则设计评价指标体系。

首先，应当站在区域土地可持续利用的角度，对区域土地利用的整体情况进行评价，包括区域土地利用发展目标是否实现、是否从各个角度反映出被评价区域土地的特征状况等。

其次，区域土地可持续利用评价指标体系是一个复杂的复合系统，其包括自然、经济、社会等领域的方方面面，为保证评价指标体系的科学性和合理性，应当根据其结构分解出若干子系统，以使得评价指标体系的结构更加清晰、层次更加分明，使得评价工作更容易开展。

三、前瞻性与指导性原则

对区域土地可持续利用进行评价的目标在于引导土地利用向生态效益显著、经济效益高效、利用结构科学合理等方向发展。

因此，在构建评价指标体系时必须使其符合新发展、新思路和新观念，要求其评价结果可以指导土地利用决策，所以应当遵守前瞻性和指导性原则。

（一）前瞻性原则

前瞻性原则是指在对区域土地可持续利用进行评价时，需要对区域土地可持续利用未来发展状况进行评价，因此其评价指标体系应当具有前瞻性，使其尽量符合新思路、新观念和新政策的要求，其具体要求如下：

（1）各项评价指标应当清晰准确、简单易测，同时具有客观的评价标准，并符合当前乃至以后的政策要求。

（2）各项评价指标的制定和选择应当具有前瞻性，尤其是在选择和制定核心评价指标时，应当以区域土地可持续利用为核心，以可持续发展为理念，制定对应的核心评价指标，使之符合土地利用的新观念。

（3）评价指标体系整体的制定应当具有前瞻性，即评价指标体系应当从整体反映出区域土地可持续利用的现状和未来发展趋势，其评价结果应当对土地利用决策有一定的指导作用。

（二）指导性原则

指导性原则是指在对区域土地可持续利用进行评价时，其评价结果可以为区域土地利用和开发决策提供指导和依据，因此其评价指标体系应当具有指导性，其具体要求如下：

（1）评价指标体系作为评价土地可持续利用的依据和参考，应当发挥出科学的引导作用，并对区域土地利用规划及其规划协调程度有所反映和评价，以更好地指导区域土地可持续利用。

（2）评价指标应当可以反映出区域土地利用的趋向性。

（3）评价指标应当可以揭示区域土地利用变化情况，并可以为区域土地可持续利用提供间接信息。

四、有效性原则

评价指标体系应当根据土地利用变化及其发展规律，有效反映和评价出区域土地可持续利用程度。为保证评价指标体系的有效性，可以采取以下措施或方法，如图 6-3 所示。

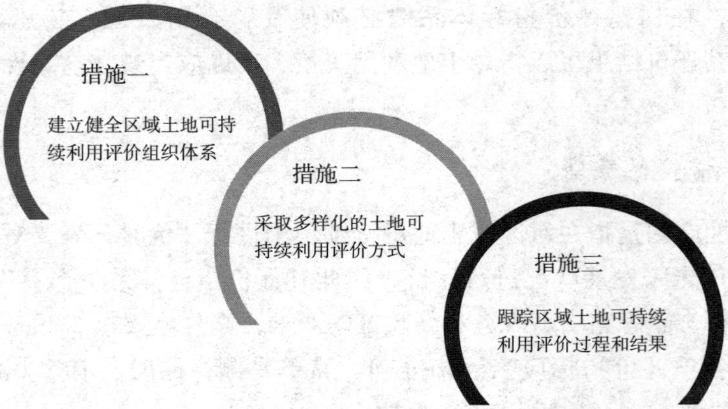

图 6-3　有效性原则措施

（一）建立健全区域土地可持续利用评价组织体系

首先，建立专门的区域土地可持续利用评价机构或组织。评价机构或评价组织是土地可持续利用评价的主体，是进行评价工作的基础和前提。为更好地对区域土地可持续利用进行评价，有必要建立专门的、独立的评价机构，使之和其他行政部分有效分离，最终得出较为客观公正的评价结果。

其次，组织专业的区域土地可持续利用评价队伍。在对区域土地可持续利用进行评价时，其涉及的要素和内容众多、层面比较广泛，加上评价主体多样，需要评价人员具备专业的土地利用知识和素养，了解土地利用变化机制及其发展规律。因此，需要组织专业的评估专家队伍，以科学、客观地评价区域土地可持续利用目标。

最后，完善区域土地可持续利用评价制度和流程。无论是哪种土地可持续利用模式，都应遵循一定的流程和方法，以有条不紊地开展评价工作，最终获得科学公正的评价结果。因此，应当针对区域土地可持续利用的目标和模式，制定出对应的评价制度和流程。

（二）采取多样化的区域土地可持续利用评价方式

为避免评价结果过于单一且失之偏颇，可以采取多样化的评价方式，建立多主体评价模式，以保证评价结果的有效性和科学性。

首先，可以由专家评价、政府评价和社会评价等组成三维评价体系，从不同的评价主体的角度出发，对区域土地可持续利用模式或机制进行全面且系统的评价，包括区域土地可持续利用程度、区域土地资源的潜力是否得到充分发挥等。其中，社会评价最具有参考价值，因此政府可以根据社会评价的结果适时调整或制定对应的政策或措施。

其次，丰富区域土地可持续利用评价方式和手段。随着信息技术的发展，可以借助网络征求社会广大群众的建议和评价，以获得最为真实的区域土地可持续利用需求，并尽量避免其他因素的干扰，进而提高评价的有效性。例如，在采集社会群众对区域土地可持续利用评价时，可以通过网络采取匿名评价，以采集到较为客观的数据。同时，在处理和统计区域土地可持续利用的评价结果时，可以借助现代科学技术，尽量减少评估结果的失真。

（三）跟踪区域土地可持续利用评价过程和结果

为达到以评价结果促进区域土地可持续利用模式完善的目标，应当对评价结果进行及时的跟踪和反馈。

首先，提高区域土地可持续利用评价结果反馈的针对性。当获得区域土地可持续利用的评价结果之后，应当及时将评价结果提交给管理部门或各级领导，将其反馈给区域土地利用规划负责人，以便为改进区域土地开发和利用提供参考依据，实现区域土地可持续利用目标。

其次，保持区域土地可持续利用评价过程的持续性。区域土地可持续利用模式的完善并不是朝夕之事，而是需要持续不断进行改进和完善，即需要通过多次甚至连续性评价和反馈，使得相关部门不断调整和制定相关规划，才能实现区域土地资源和区域经济长远健康的发展。

最后，跟踪区域土地可持利用评价结果的落实程度。区域土地可持续利用评价结果中，往往会包括针对区域土地可持续利用的完善建议和意见，应当对这些建议和意见进行全过程跟踪和反馈，以保证这些问题得到有效改进或妥善解决，最终促进区域土地可持续利用。

五、定性评价和定量评价相结合的原则

在选取评价指标时，应当遵循定量与定性相结合原则。如果只选择定性原则或定量原则，难免会出现主观性太强或客观性太强的情况，最终形成失之偏颇的评价结果。

（一）定量评价原则

定量评价是指应用数学方法对评价指标进行分析和研究，其评价结果具有较高的可信度和可比度，往往比较准确和客观。

定量评价的方式有两种：一是根据因素指标的达成度直接评定分数；二是将因素指标评定等级后按照等级赋值法对其评定分数，最终再根据指标权重逐级综合，最终得出具体的数值。

定量评价方法的优势在于比较精确科学，但同样不能忽视该方法的弊端，即其往往过于僵硬单一，有时难以进行有效的评级。

总之，定量研究更多注意的是个别的因素和变量，通过数字和量度描述研究对象，强调标准研究程序和预先设计，旨在确定关系、影响和原因。

（二）定性评价原则

美国学者斯塔克认为，评价者在评价中应该牺牲某些测量的准确性，以更好地换取评价的有用性和有效性。

与定量研究方法相比，定性评价强调整体的作用，通过文字描述评价对象，认为事实和价值密切相关，旨在理解研究对象，其具有以下特点和优势。

首先，在收集评价信息方面，应用定性评价方法收集信息，往往更加关注信息的整体性和全局性，收集到的信息也比较全面和客观。例如，在收集相关信息时，针对不同对象通过设计不同的问题，可以得到更为准确、可靠的信息。

其次，在处理评价结果方面，应用定性评价方法可以提高评价对象的主体地位，更加强调评价双方的互动性，以提高评价效果。

总之，在对事物进行评价的过程中，定性评价具有更佳的有效性，其不仅有利于评价者明确地肯定事物的成绩，还可以清楚地说明问题，指明事物改进和努力的方向。

第三节　区域土地可持续利用评价过程

评价指标体系应当从实际出发，实现以下要求：量化方法客观可行、数据来源真实可靠、评价依据易于获取和比较、评价操作切实可行。

区域土地可持续利用既要关注区域发展现状下的土地利用结构效率，又要注重区域未来发展的土地利用方向。

区域土地是否可持续利用是衡量区域资源、经济、环境、社会长久健康和持续协调发展的标尺，反映着区域人地关系的和谐程度。因此，区域土地可持续利用包括土地利用生态环境评价、经济评价、管理调控评价和社会评价四个维度。根据区域不同的空间尺度，其评价指标应当根据区域的实际情况而有所区别。

在进行区域土地可持续利用时，应当将影响土地可持续利用的指标变量进行量化，进而将土地可持续性转化为可以测度的变量，来定量评价区域可持续利用水平，其评价过程主要分为以下五个步骤，如图 6-4 所示。

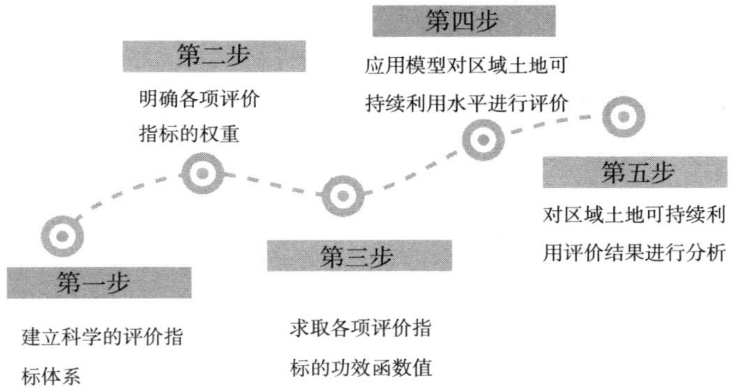

图 6-4　区域土地可持续利用评价的流程

一、建立科学的评价指标体系

在对区域土地进行可持续利用评价时，首先需要建立科学的评价指标体系，选择科学合理的评价指标因素，这样才能针对区域土地可持续利用现状和程度等进行评价。

第一，针对区域土地利用类型和用途等进行判断，针对农用地、建设用地、生态用地、未利用地等构建出不同的评价指标体系。其中，不同区域的具体情况和自然环境等有所区别。因此，在构建区域土地可持续利用评价指标体系时，应当根据区域实际情况和相关政策制度等灵活进行选取和制定。

第二，在建立区域土地可持续利用评价体系时，应当对其进行分层构建，建立一级评价指标和二级评价指标层次，以科学有效评价区域土地不同层次、不同方面的可持续利用程度和现状等。

二、明确各项评价指标的权重

在确立各项评价指标的权重时，为科学赋予各项评价指标合适的权重和数值，可以采用以下赋予权重的方法。

（一）层次分析法

层次分析法是指在已经建立的评价指标体系的基础上，将评价指标进行两两比较，即按照重要程度将评价指标进行排列，然后利用判断矩阵（一种量化计算方式）将指标进行量化和计算，最终得到每个指标相对应的主观权重。

简单来说，层次分析法是指将复杂的多目标分解为多个目标或准则，并在此基础之上进行定性和定量分析的决策方法，适用于具有分层交错评价指标的目标系统，可以简单分为以下几个步骤，如图 6-5 所示。

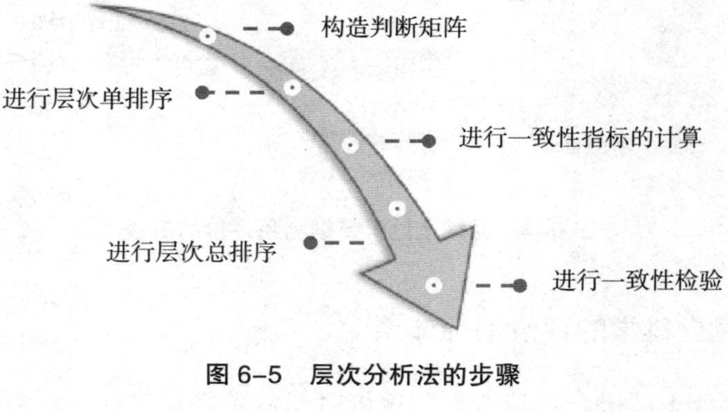

图 6-5　层次分析法的步骤

层次分析法具有以下优点：在层次分析法中，每层权重设置都会直接或间接影响到结果，但并不会割断每个因素对结果的影响，且清晰明确地量化了每个因素对结果的影响程度，具有系统性；将定性和定量的方法进行有机结合，可以得到简单明确的权重值，其决策方法比较简单实用；层次分析法将判断各个要素的重要性留给了大脑，仅保留对要素的印象，所需要的定量数据信息较少。

（二）德尔菲法

德菲尔法本质上是一种反馈匿名函询法，是指有效、可靠地收集专家意见的方法，其大致流程如下：向专家征得自身所要预测的问题，进行整理、归纳和统计，随后匿名反馈给各位专家以获得第二次意见；然后再对第二次意见进行整理、归纳和统计，进行匿名反馈；重复该过程，直至得到一致的意见。

德尔菲法经过反复的征询、修改和归纳，最终汇总成专家基本一致的看法，具有广泛的代表性和可靠性，是一种最为有效的判断预测法，具有以下优点。

（1）采用匿名或背靠背的方式，可以充分利用专家的学识和经验，且有助于每位专家进行独立的判断。

（2）预测过程经过几轮的反馈，专家的意见趋于一致，具有一定的客观性和公正性。

（3）操作方法简单容易实施，具有一定的实用性和科学性。

（4）可以避免群体决策时的某些缺点（如权威人士的影响、专家自尊心的影响等），收集每个人的观念和看法，不会忽视重要观点，具有综合意见的客观性。

（三）主成分分析法

主成分分析法将一组可能存在相关性的变量，通过正交变换转换为不具有相关性的变量，这组转换后的变量就是主成分。

主成分分析法的原理如下：当两个变量之间具有一定相关性关系时，可以认为这两个变量反映此课题具有一定的重叠，因此可以删除重复的变量，并建立尽可能少的新变量（此时新变量之间两两不相关），并尽可能保持原有的信息，是数学上用来降维的一种方法，适用于区域经济发展评价、满意度测评、模式识别等领域。

简单来说，主成分分析法是指将原来众多的、具有一定相关性的指标，重新组合形成新的没有相关性的指标，以减少原有变量的分析方法，其步骤如图 6-6 所示。

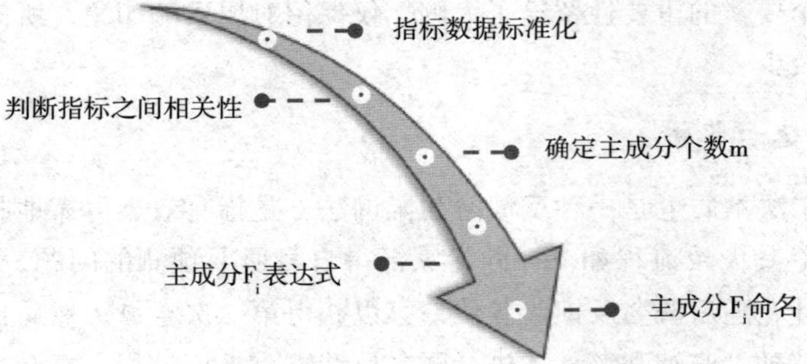

图 6-6　主成分分析法的步骤

主成分分析法可以消除评价指标之间的相关影响，并减少指标选择的工作量，具有以下优点。

（1）可以降低所研究的数据空间维数，有效删除多余的变量，使得计算权重的方法变得更加简便。

（2）通过主成分分析法可以构造出回归模型，使得权重赋值变得更加科学合理。

（3）经过主成分分析法之后，可以选择前两个主成分或某两个主成分以获得二维平面图形，可以直观看到各个变量的主要地位，进而发现远离大多数样本点的离群点。

（4）通过主成分分析法可以筛选出有效的变量，以较少的计算量进行选择，最终选择最佳变量子集合。

（四）熵权法

熵权法是一种客观赋权方法，是指根据各个指标数据的分散程度，应用信息熵计算出各个指标的熵权，然后根据各个指标对熵权进行适当的修正，从而获得比较客观的指标权重。

在熵权法的过程中，计算熵值的公式如下：

$$H_j = -\sum_{i=1}^{m} f_i \cdot \ln f_i \tag{6-1}$$

熵权法是统计学的领域，当各个指标的数据越分散，则其熵值越小，这时可以认为该数据包含的信息较多，因此其权重越大。

熵权法具有两个方面的优点：一是熵权法具有一定的精确性，是客观确定各个指标权重的方法；二是该方法确定的权重可以进行适当修正，具有较高的适应性。

三、求取各项评价指标的功效函数值

当明确各个评价指标的权重之后，由于评价指标体系的指标量纲不同，没有办法进行比较和评价。因此，需要对各个评价指标进行标准化处理，获得其功效函数值，才能进行客观、公正的比较和分析，其处理公式如下。

单项评价指标有三类：一是正指标，数值越大越好；二是负指标，数值越小越好；三是适度指标，数值不宜过大，也不宜过小。对上述指标，应采用不同的量化函数进行指标的标准化处理，其公式如下。

$$A_i=\begin{cases}X_i/a_i\ (\text{指标}\ X_i\ \text{越大越好时})\\ a_i/X_i\ (\text{指标}\ X_i\ \text{越小越好时})\end{cases}\tag{6-2}$$

$$A_i=\begin{cases}X_i\ (\text{指标}\ X_i\ \text{为正向指标时})\\ 1\text{-}X_i\ (\text{指标}\ X_i\ \text{为逆向指标时})\end{cases}\tag{6-3}$$

式中：A_i 表示指标的功效函数值；X_i 表示指标 i 的现状值；a_i 表示指标 i 的参照值或目标值。

对于那些难以量化或收集数据比较困难、但会显著影响土地可持续利用水平的评价指标，应当根据模糊数学的原理，并咨询专家的意见和建议，以科学确定各个评价指标的功效数值。

四、应用模型对区域土地可持续利用水平进行评估

土地可持续利用评价指标体系中的每项指标均是从不同的侧面反映土地可持续利用水平和状况的，要想对区域土地可持续利用水平进行综合评价，需要借助一定的模型或多目标线性加权函数法进行评价和测算。

（一）综合评价模型

在区域土地可持续利用评价指标体系中有多项评价指标，为综合这些评价指标对区域土地可持续利用水平的作用，可以构造以下函数和模型。

$$S = \sum_{i=1}^{n} S_i W_i \tag{6-4}$$

式中：S 代表土地可持续利用水平综合评价分值；S_i则表示评价指标 i 的评价分值；W_i表示评价指标 i 相对于总目标的组合权重值。

通过综合评价模型（S 的综合评价分值），可以有效反映出特定时期、特定区域土地可持续利用综合水平，其分值和土地持续利用水平等级标准见表 6-6。

表 6-6　土地可持续利用水平等级标准

土地可持续利用水平等级	水平指数 / %
非可持续利用阶段	< 50
可持续利用起步阶段	50 ～ 74
初步可持续利用阶段	75 ～ 90
可持续利用阶段	> 90

（二）障碍度判定模型

对区域土地可持续利用现状水平的评价固然重要，但同时不能忽略寻找在一定时期内影响区域土地可持续利用的障碍因素。只有了解和掌握障碍因素，才能有针对性地调整和改进土地利用行为和政策，从而促进区域土地可持续利用。因此，可以借助障碍度判断模型对区域土地资源利用进行障碍诊断。

1. 因子贡献度

所谓因子贡献度，是指单项评价指标对总体目标的影响程度，即单项评价指标对总体目标的相对权重，可以用 R_i 表示，其计算公式如下：

$$R_i = r_i \cdot t_j \tag{6-5}$$

式中：r_i表示第 i 项评价因素对其所属的第 j 项子目标权重；t_j表示第 i 项评价因素所属的第 j 项子目标对总体目标的权重。

2. 指标偏离度

所谓指标偏离度，是指单项评价指标与可持续利用目标之间的差距，可以用 P_i 表示，其计算公式如下：

$$P_i = 1 - a_i \tag{6-6}$$

式中，a_i表示单项评价因素的评价分值。

3. 指标障碍度

所谓指标障碍度，是指单项评价指标对土地可持续利用综合水平的影响值，是障碍诊断的目标和结果，可以用 A_i 表示，其计算公式如下：

$$A_i = P_i \cdot R_i / \sum_{i=1}^{n} \left(P_i \cdot R_i \right) \times 100\% \tag{6-7}$$

通过对 A_i 进行大小排序可以明确区域土地可持续利用障碍因素的主次关系，并明确各个障碍因素对区域土地可持续利用和管理的影响程度，有助于地方政府及时调整相关政策和行为，最大限度降低和避免障碍因素的影响，实现区域土地可持续利用。

五、对区域土地可持续利用评价结果进行分析

区域土地可持续利用评价结果出来之后，需要对评价结果进行分析，并提出提高区域土地可持续利用水平的相关建议和措施。

在区域土地可持续利用评价中，可以利用 PSR 这一模型对评价结果进行分析，采用“原因—效应—响应”这一逻辑思维过程构建评价指标体系。

随着社会经济的发展，土地必然承受经济所带来的种种压力，反映着土地可持续利用的社会经济动因；土地现状是指压力之地呈现出的生态环境质量现状，呈现的数量、类型、功能等现状，通过自身的状态变化影响社会发展，是对人类活动的反馈；人类对反馈的响应，是对土地利用的调整和建设，是实现土地可持续利用的关键，其具体框架如图 6-7 所示。

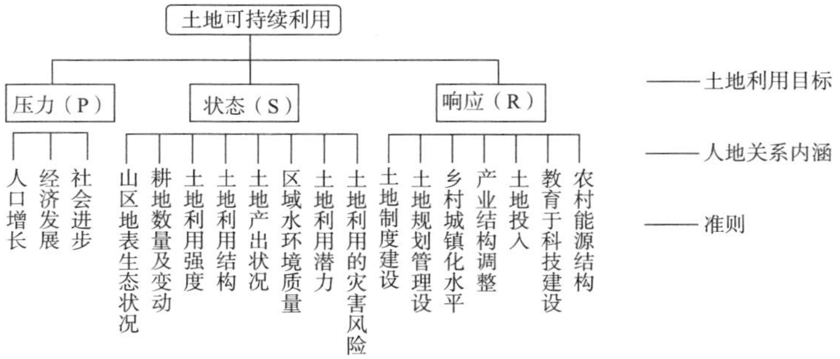

图 6-7　基于 PSR 模型对土地可持续利用进行评价的方法

需要注意的是，基于 PSR 模型的土地可持续利用方法仅是提供一般的思路和途径，在进行实证研究时，需要结合研究区域的实际情况进行评价。

第七章　区域土地可持续利用理论和措施

土地可持续利用是土地利用的根本目标，是研究土地利用变化机制的重要目标之一。

本章主要介绍区域可持续利用相关理论和内涵等基本知识，并在此基础之上阐述区域土地可持续利用的调控原则、目标和模式等，重点分析实现区域土地可持续利用的措施和策略。

第一节　可持续发展相关理论

协调土地供给和土地需求是土地资源持续利用的永恒主题，同时是土地利用变化研究的目标之一。

为实现区域土地和经济的可持续健康发展，应当了解和掌握必要的可持续发展相关理论，为区域可持续发展提供必要的理论支撑和方法。

一、可持续发展思想的发展历程

随着科学技术和社会生产力的迅猛发展，人类取得前所未有的物质文明。然而，各种问题和矛盾随之而来，人们逐渐意识到，如果将经济、社会和环境割裂开来，仅是谋求自身的、暂时的效益，带来的只能是他人的、全局的伤害，并不利于世界长远健康的发展。因此，可持续发展思想应运而生，为世界社会、经济和环境的发展提供着思路和方向。

（一）可持续发展概念的提出

可持续发展概念的提出要追溯到1972年于人类环境会议上提出的社会发展要与生态、环境等协调的问题，这是可持续发展理念的雏形。1980年，由世界自然保护联盟（IUCN）、联合国环境规划署（UNEP）、世界自然基金会（WWF）共同发表的《世界自然资源保护大纲》，正式提出了“可持续发展”的概念。1992年，在联合国环境与发展大会上通过了《21世纪议程》，提出以可持续发展为核心的发展战略。1994年，我国在《中国21世纪议程——中国21世纪人口、环境与发展白皮书》中，首次将可持续发展战略运用在我国的经济与社会发展的长远规划中。1997年，中共十五大上将可持续发展战略确定为我国现代化建设中必须实施的战略，涵盖了社会、生态、经济领域的可持续发展，对我国的这些领域的发展有着积极的指导意义。

（二）可持续发展的层次

可持续发展的概念是一个综合性的课题，涉及人类社会与自然的诸多要素。一般认为，可持续发展可以分为观念形态层面、经济体制层面、科学技术层面这三大层面。

首先，观念形态层面是指人类对自然的态度方面，其实质是倡导人与自然和谐关系，通过实现人地协调发展来实现可持续发展。

其次，经济体制层面是指人类为了解决发展经济与资源、环境之间的矛盾，重构一种可以与资源、环境协调利用的局面。当今世界，资源和环境问题日益凸显，而资源、环境与经济发展的矛盾也越来越尖锐，所以要实现可持续发展，需要对人类社会体制进行变革，对现有的生产方式、消费方式、社会体系、政治体系等进行变革，以实现可持续发展战略。经济社会体制层面是可持续发展中难度较大的一部分，也是最重要的部分，需要协调各要素之间的矛盾。

最后，科学技术层面主要是依靠现代的高科技来实现资源的节约、循环利用等，以保护环境。目前，科学技术层面的可持续发展运行良好，一些清洁工艺、节能技术、生态农业、资源循环利用等都取得了一定的成就，未来将依靠现代科技力量不断优化资源配置，实现人与自然和谐相处的可持续发展战略。

观念形态、经济体制、科学技术这三大层面共同组成了可持续发展，而这三个层面必须统一在一个特定的区域中，在该区域中形成自然、经济、社会、科技、体制等方面的良性发展。此外，与可持续发展相关的自然改造、国土整治、区域开发、环境治理与保护、资源配置、生态农业、生态旅游等都需要在特定的某一区域中完成资源间的相互协调与发展。

二、可持续发展基本原则

可持续发展的基本原则如图 7–1 所示。

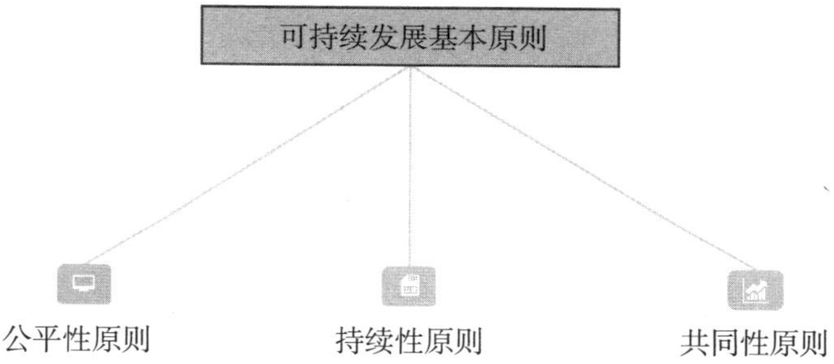

图 7–1　可持续发展基本原则

（一）公平性原则

在可持续发展理念中，其追求的公平包括两个方面，即本代人的公平和代际间的公平。

1. 本代人的公平

本代人的公平是指当代人之间的横向公平性。可持续发展的目标是实现全体人民的基本的需求，逐渐满足人民对更好生活的向往。

目前，我国区域发展处在一个不平衡的状态，突出的表现是区域与区域之间、区域内部存在着发展不平衡的现象。例如，有的区域发展较快，在以经济为代表的各方面，都取得较大进展，而有的区域发展较慢，在经济、文化等方面的发展不均衡。

因此，在可持续发展的理念中，同代人应该享有公平的发展权和公平的分配权，以更好促进人与人之间的公平。

2. 代际间的公平

代际间的公平是指当代人与后代人之间的纵向公平性。所谓纵向公平性，是指当代人与后代人处在一个追求生存权和发展权平等的地位，都享有对资源和环境利用的权利。

后代人虽然无法参与现代社会发展，但其权利应当被尊重，这要求当代人在满足自己发展与需求的同时考虑后代人的生存与发展需求。《联合国人类环境会议宣言》中就提出了人类在社会发展中拥有过有尊严和福利的生活，享有自由、平等的基本权利，享受权利的同时需要承担相应的义务，即保护和改善现有的环境来造福子孙后代。《里约环境与发展宣言》指出，为了满足当代人与后代人的发展与环境需求，就必须在发展的基础上与自然、资源和谐相处。保护环境和资源是当代人义不容辞的责任，当代人留给后代人的环境应该是美好的环境，当代人留给后代人的资源应该是在节约的条件下，对资源进行重复利用，尽可能少地浪费资源。

当代人与后代人相比，当代人在资源的利用开发上处于一种垄断的地位，所以其纵向公平性要力求当代人不能处于支配地位，要尽可能多地考虑后代人，以实现各代人在环境与资源面前同样拥有发展与选择的权利。

（二）持续性原则

持续性原则的哲学理论基础是用发展的眼光来看待问题。一个区域的发展应该是在一个有机的支持系统内进行，而这个支持系统就是环境生态系统内的人与自然必须和谐相处，人类社会的发展应该与资源相协调。

基于人类活动具有主观能动性，人类可以通过自身的活动来实现社会发展与自然环境的平衡发展，但一切环境生态系统都有一定的承载力，存在一定的界限，如果超越了上限，就会造成环境的污染。

因此，人类的发展可持续发展战略强调资源的重要性，即将资源视为财富，需要在一定的范围内根据区域环境生态系统的条件以及限制因子来调整自我的生产生活方式，并合理地利用资源。

（三）共同性原则

可持续发展已经成为全球发展的总目标，要想实现这一总目标，需要全球采用共同的行为，并建立起良好的合作关系和国际秩序，需要全人类的共同努力。

我们只有一个地球，为实现全球的可持续发展，应当坚持世界各国对保护地球的“共同的但有区别的”责任原则，由于各个国家可持续发展的目标、政策、实施步骤以及现实情况不同，其承担的责任亦有所区别。通常来说，经济发达的国家对实现可持续发展具有更大的责任。

因此，实现可持续发展需要全人类的共同努力，需要采取全球共同的联合行动，需要建立公平合理的、平等的国际政治经济新秩序，即遵守共同性原则。

第二节 区域土地可持续利用内涵、研究方面及必要性

与其他资源相比，土地资源具有可永久利用的特点，可以通过科学有效地利用实现土地资源的可持续利用，源源不断地为人类生存发展提供必要的产品和服务。

在土地资源开发利用中，应当遵循可持续发展的理念，以实现土地资源可持续利用和发展。

一、土地可持续利用的内涵

土地资源以其特有的功能为人类社会提供着诸多产品和服务，不仅是自然资源和生态环境可持续发展的重要方面，还是可持续发展整体战略目标的重要建设内容。

（一）土地可持续利用定义和目标

不同发展水平的国家所面临的土地问题不同，土地可持续利用的内涵自然有所不同。

根据我国社会经济环境和土地资源环境的特点，土地可持续利用是指科学合理地利用、开发、整治和保护我国的土地资源，实现土地资源的永续利用与经济、资源、社会环境的协调发展，最终满足社会经济长期发展的需要。土地可持续利用主要体现在以下方面。

1. 土地资源持续利用

土地资源系统必须在保证土地数量不减少的基础上，在质量方面保持不退化，以保证土地资源被公平地给予下一代。

2. 生态环境良好

“绿水青山就是金山银山”，生态环境的好坏直接影响着人们生活质量的高低，同时制约着资源是否可以持续利用。因此，生态环境良好是土地可持续利用的调控目标之一。

3. 经济维持稳定运行

经济维持稳定运行是指土地资源的利用必须获得一定的经济效益，可以促进社会经济的增长和稳定运行，否则这种土地资源的利用方式必然不会被人们接受且难以为继。

4. 社会可接受

社会可接受即社会效益，是指土地资源的可持续利用可以提高人民的生活质量和社会文明程度，可以满足人们的日常生活需求。

在不同的区域中，由于区域的具体情况并不完全相同，因此土地持续利用的目标有所差异，应当针对区域土地可持续利用目标特点和性质的不同，制定出对应的调控措施或手段，以及时纠正偏差。

（二）土地可持续利用的本质

实际上，土地可持续利用是可持续发展理论在土地利用中的具体体现，其实质在于适度、充分、集约高效利用土地，以持续满足人类生存发展的需要，实现生态环境日益改善、土地生产力的不断提高、土地资本的积累增殖等目标，同时维持和不断提高土地资源质量和生态环境容量。

因此，土地可持续利用是一种以资源环境的可持续性为基础，以技术可行性为保障，以经济合理性为核心，以社会公平性为目标的高度自觉理性行为。

土地可持续利用在人地关系上主要体现在以下方面：一是人类在土地自我更新和恢复能力允许的范围之内，以节约集约的方式，通过土地资源的可再生性和可反复利用性，以获得最大的经济效益；二是在保证投入结构和投入水平科学合理的基础上，持续增加土地投入，进而提高土地资源环境容量、改善土地利用条件，最终满足人类的生态环境和物质需要，实现人地关系的协调发展。

土地可持续利用在人与人关系方面主要体现在两方面：一是正确处理人与人之间的利益关系，即要想实现土地可持续发展，需要人类内部之间相处融洽、共谋发展，解决的是社会内部的协调，促进土地利用的可持续发展；二是正确处理当代人和后代人之间的利益关系，即当代人不能由于眼前的利益而采取掠夺式土地利用方式，从而破坏土地资源及其环境，最终削弱后代人利用土地的利益和能力。

综上所述，土地可持续利用的本质是效率与公平的时空协调，在制定区域土地可持续利用调控目标时，应当遵循土地可持续利用的本质和目标，进而更好地调节和控制土地资源和社会发展、环境保护之间的关系。

（三）土地可持续利用涵盖的基本方面

土地可持续利用需要协调经济效益、生态环境效益、资源效益、社会效益之间的关系，最终实现社会稳定和可持续发展，其基本内涵体现在以下几个方面。

（1）在综合考虑土地资源和环境资产跨代配置的基础上，逐步提高土地的生产和承载能力，为社会的可持续发展提供适当的土地利用条件。

（2）以经济效益为中心，通过科学的开发和利用，以提高土地资源的利用效益。

（3）以生态环境效益为前提，采取相关措施和方法以保护土地资源和其他自然资源的生态环境，尽量减少对生态环境的破坏。

（4）以资源效益为基础，采取各种措施协调多种自然资源之间的关系，以提高资源的综合效益。

（5）以社会效益为目的，采取各种措施促进社会可持续发展。

二、区域土地可持续利用管理框架和研究内容

20 世纪 90 年代，国际上的某些土地评价专家和土壤学家将“可持续发展”的概念引申到土地利用方面，提出土地可持续利用的概念和管理方法，逐渐受到了各国学者的肯定和认可。随后，可持续土地利用管理如火如荼开始建设，很多学者从自然、经济、环境和社会等各个方面探讨了土地可持续利用评价的指标和方法，以更好地促进土地可持续利用。

（一）土地可持续利用管理的框架

根据联合国粮食及农业组织（FAO）发表的《持续土地利用管理评价大纲》，可持续土地利用管理的基本框架如图 7-2 所示。

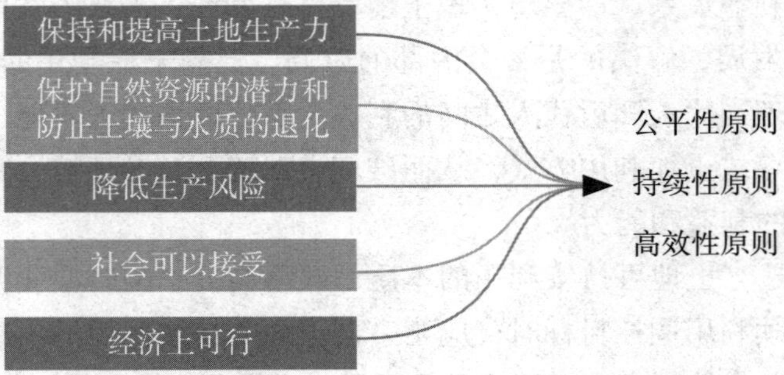

图 7-2　土地可持续利用管理的基本框架

（二）土地可持续利用研究内容

土地是由多个自然要素组成的复杂综合体，是人与自然相互作用的集中体现，具有多种自然和经济特性。因此，土地可持续利用必然会涉及很多方面，可以说土地可持续利用是典型的自然 - 社会 - 经济复合系统，其研究范围十分广泛，主要包括以下内容。

（1）研究土地各生态因子及其相互关系和最佳组合关系。

（2）土地利用的经济环境和经济效益。

（3）土地利用的生态环境效益和生态环境保护。

（4）土地利用的社会效益和社会承受能力。

（5）可持续的土地利用管理。

（6）土地可持续利用评价及其指标体系。

四、土地可持续利用的必要性

随着 21 世纪的到来，人类面临的人口、资源、环境等问题日益加剧，而这些问题则集中体现在人口高速增长对有限土地资源的巨大压力方面。例如，迅速发展的社会和经济需要越来越多的用于居住、交通、商业、娱乐设置、工业等的土地资源，人们日益增长的精神文化需求则需要土地提供越来越好的生态环境等，这些问题和需求都对土地可持续利用提出要求，其必要性主要体现在以下方面。

（一）土地可持续利用是人类自身需要的必然选择

土地资源是稀缺且不可再生的，表现在土地数量的有限性和对土地需求的无限性之间的矛盾。

随着人口的增长和经济的发展，人均占有的土地资源将会越来越少。为使得有限的土地资源得到充分利用和保护，有必要采取对应的措施，以实现土地可持续利用，这是人类自身需要的必然选择。

首先，通过土地可持续利用可以保持土地的永续利用性，在保持土地生产潜力且不破坏周围生态环境的同时，为人类做出持续的“贡献”。

其次，土地的面积是有限的，为人类生产着必要的产品和提供着必要的服务，具有重要的作用和价值，一旦土地不能持续进行利用，必然会对人类生产生活造成一定影响，并加大对其他土地利用类型的负担，而通过土地可持续利用可以减轻土地生产“负担”。

综上所述，土地可持续利用是人类满足自身生存和发展所需的必然选择。

（二）土地可持续利用是改善生态系统的必然选择

土地利用变化会对气候、水文、景观、碳排放等生态环境和生态系统产生一定的影响，而不当的土地利用方式则会加剧这种影响。

研究土地利用变化机制有助于实现区域土地可持续利用，而土地的可持续利用会降低对景观、水文、气候、碳排放等生态环境的负面影响，在一定程度上改善区域的生态系统，获得较好的生态效益、经济效益和社会效益。

综上所述，土地可持续利用是改善生态系统的必然选择，具有重要的作用和价值。

第三节 区域土地可持续利用的调控原则、目标与模式

土地可持续利用的重点在于“调控”，是指人类通过一定的手段，以实现预期的土地利用目标，实际上调节和控制社会经济发展与土地资源开发利用、环境保护之间的关系，最终实现社会、经济与环境的协调。

一、区域土地可持续利用的调控原则和目标

在管理学中，调控是指领导人员或管理人员为保证实际工作和目标计划保持一致而采取的活动或措施，通常是通过检查和监督组织活动的进展情况，对实际成就和原定目标、计划或标准进行对比分析，以及时发现偏差并找到相关原因，采取对应的措施，最终纠正偏差，使得目标计划得以顺利实现。

同样，在土地利用方面，需要通过调控更好地纠正“偏差”，以实现区域土地可持续利用的目标计划。在制定区域土地可持续利用调控目标时，应当明确土地可持续利用调控的内涵，并遵循一定的原则，这样才能最终制定出科学合理的调控目标。

（一）区域土地可持续利用调控

1. 区域土地可持续利用调控内涵

区域土地可持续利用调控是指人们通过一定的方法和手段，有针对性地修正和调整区域土地利用方式，进而实现区域土地可持续利用。

区域土地可持续利用调控是人类面对土地资源压力所做出的调整和适应，旨在通过控制和调节人类活动和土地利用变化之间的关系，在遵守土地利用变化规律的基础之上，实现土地资源和人类社会的协调发展，其内涵主要包括以下几个方面。

（1）土地资源作为一种不可再生资源，必须得到有效的管控和调控。

其中，管控的主体只能是政府，而调控实质是政府对土地资源采取的行政行为。

（2）土地可持续利用调控是国家和地方政府通过行政手段、法律手段和经济手段等协调土地利用和生态环境之间的关系，弥补市场对生态环境造成的外部缺陷，最终促进经济生态环境的健康发展、土地资源可持续利用的行为。

（3）土地可持续利用调控是国家通过制定相关的土地利用政策，应用多种手段对土地资源的数量、结构、土地收益分配等进行调整，最终实现土地供需动态平衡的方式。

2. 区域土地可持续利用调控目标和内容

（1）区域土地可持续利用调控目标。土地可持续利用调控的目标是在遵循土地利用管理一般规律的基础之上，充分利用土地资源所具有的经济效益、生态效益以及社会效益功能，通过调控人类行为和决策，以实现土地资源利用综合效益的最大化、土地利用结构的合理化、土地利用行为的科学化。简单来说，土地可持续利用调控的目标是促进土地资源的可持续利用，并尽量满足人类发展对土地资源的需求。

（2）区域土地可持续利用调控内容。土地可持续利用的内容主要包括三个方面。

一是调控区域人口的数量和结构。通过差别化土地供需、优化人才结构的产业转型升级、向符合当地资源特征的土地利用方式转变等措施，更好地调控区域人口的数量、质量和结构，进而使得区域土地资源和区域人口相配套。

二是调控区域经济的数量和质量。通过理念调控、土地利用行为调控、城镇化节奏调控等方式，提高区域经济的数量和质量，最终促进区域土地资源和区域经济发展相配套。

三是调控土地利用的配套政策和制度。通过土地利用方式调控政策、土地利用行为调控政策等，明确土地利用调控的制度和程序等，为土地可持续利用调控提供相关的规定和保障，最终促进区域土地资源和区域政策制度发展相配套。

（二）区域土地可持续利用调控原则

经过国内外学术界多年的研究和探讨，普遍认为土地可持续利用调控目标应当遵循以下基本原则。

1. 降低土地利用可能带来的生态风险

在土地利用过程中，有诸多不确定的因素（如气候、降水、使用用途改变等），这些因素可能带来某些难以预料的后果，对生态环境造成一定风险。因此，应当重视土地利用过程中可能带来的生态风险，并通过相应的方法或措施对生态风险的后果进行模拟分析，建立可以降低生态风险的土地利用模式，进而更好地保护生态环境。

2. 保持土地的数量和质量

土地的数量是有限的。为有效保障我国的粮食安全，土地可持续利用必须保持土地的数量，尤其是保证足够数量的耕地，这样才能满足人类生存发生的基本粮食需求。同时，在土地质量方面，为实现可持续利用的目标，应当注重保持和提高土地资源的质量，以更好地生产出高品质的产品。

3. 保持土地的生产性能或生态功能

从持续利用的角度出发，土地可持续利用所获得的利益应是逐渐增加的，至少应当维持在目前水平。一旦采取不当的经营方式（如掠夺式经营），往往会对土地的生产性能或生态功能产生不利影响和作用。

因此，在对土地可持续利用调控目标进行制定时，应该以保持和提高土地生产性能或生态性能为原则。

4. 土地利用的方式可以被社会接受

土地的可持续利用只有提高人民的生活质量和社会文明程度，才能被社会所接受。如果土地利用方式不被社会所接受，就无从谈起可持续利用和可持续发展。

需要注意的是，社会可接受性应当具有全局意义，当个人利益或集体利益与社会利益发生冲突时，应当服从社会利益。

5. 土地利用在经济上是可行的

无论哪种类型的土地，人类对土地进行开发和利用的目的在于获得一定的经济利益。因此，土地利用应该可以增加人们的经济收入，促使社会经济增长。

（三）区域土地可持续利用调控战略目标

根据土地可持续利用的目标和本质要求，区域在对土地可持续利用进行调控时，应当结合区域的实际发展情况，并遵循相应的原则和策略加以制定，其战略目标如下。

（1）在科学规划的基础之上，按照经济规律和自然规律的要求，因地制宜、综合开发区域土地资源。

（2）在保护和提高生态环境的基础之上，优化本区域内的土地利用结构，并及时改变低效、对生态环境有破坏作用的土地利用方式。

（3）切实保护好人类赖以生存的耕地资源，采取科学合理的技术和手段，以满足区域人口增长对粮食或其他农产品的需求。

（4）切实落实集约利用建设用地的措施，以保障社会经济发展对建设用地的需求。

（5）加强对生态用地的建设和保护，以保障人民对生态环境的需求。

二、区域土地可持续利用调控模式

区域土地可持续利用调控是指在平衡社会、资源环境、经济三方面的要求下，将其作为整体进行分析和控制，并通过人类的调控措施使之达到协调，其调控模式如图 7–3 所示。其中，人类是调控土地利用的主体，其行为方式和价值观念直接影响着调控目标的确定、调控措施的制定等。因此，实现土地可持续利用目标是一个动态的反馈过程，主要由两方面决定：一是人类对自身生存环境的认知程度；二是人类的科学决策和管理水平。

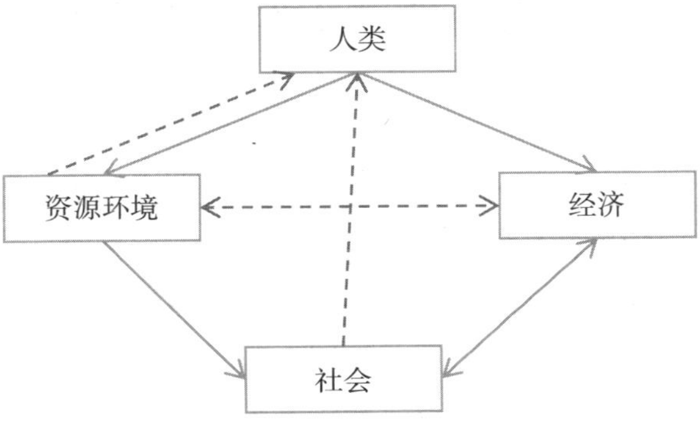

图 7–3　区域土地可持续利用调控模式

1. 区域土地可持续利用调控手段

区域土地可持续利用的调控手段多样，按照性质的不同，可以将其分为经济手段、行政手段、法律手段、技术手段和政策手段等。按照作用方式的不同，可以将其分为直接手段和间接手段。

不同的调控手段对土地可持续利用起着不同的作用。在传统体制下，为保证有效对土地可持续利用进行调控，通常采用行政组织等自上而下的指令性手段，以保证调控目标和计划的顺利实施。

目前，随着土地市场体系的完善和发展，加上市场机制的配合，调控手段更加多样，逐渐转向以法律手段、经济手段为主，并辅以必要的行政手段和技术手段。

2. 区域土地可持续利用调控工具

除了常规的货币政策和财政政策工具之外，土地政策是土地可持续利用调控特有的工具。

土地政策是指国家为实现一定历史时期的土地利用目标、土地管理任务、围绕特定的经济社会利益而规定的用来调整人地关系的一系列准则、指南和方向的总和。

为实现土地可持续利用的目标，国家会制定相关的土地政策，以更好地调控土地可持续利用行为和决策，其调控工具包括基本农田保护制度、土地利用总体规划制度、农用地转用审批制度、土地用途管制制度等。

第四节　五台山地区土地利用预测案例分析

五台山地区作为代表性研究区域，其地理位置特殊、土地类型多样。随着城镇化进程的加快，政策积极引导的重要性不容忽视。相关部门应加快推进土地流转，在保证粮食安全的前提下，推广种植优质高产经济林果作物从而提高农民收入、落实就地城镇化政策。同时，林业部门应对林地退化区进行深入研究，优选适生森林植被保护区域水土资源。政府应加大对废弃工矿用地以及实施搬迁后废弃的村庄整理复垦的力度，补充耕地数量，统筹推进区域山水田林湖草的综合治理。

因此，为实现五台山地区土地资源的可持续利用，有必要对五台山地区土地利用类型的变化趋势进行预测，并根据预测结果制定相关的政策和法律。

（一）预测五台山地区土地利用的意义

为分析研究五台山地区 2005—2020 年各种土地利用类型的变化趋势，在此基础上发现其变化规律及驱动因素，应当建立 CA-Markov 模型，预测 2025 年、2030 年该区域土地利用情景，以期揭示该区域土地利用景观格局的变化趋势，从而为该区域生态建设和可持续发展提供决策依据。同时，还可以借助 CA-Markov 模型以 5 年为预测周期，对该区域 2025 年、2030 年的土地利用与土地覆盖变化进行预测，以期能够缓解该区域人地矛盾，同时为制定更加科学合理的区域土地利用管理策略提供科学依据。

（二）土地利用与土地覆盖变化预测精度检验

目前，CA-Markov 模型预测结果没有统一的精度检验标准，本书研究将预测结果栅格数据与 2015 年土地利用与土地覆盖变化现状数据进行比较（表 7-1）。预测精度通过 IDRISI 软件中的 CROSSTAB 模型进行评价，依据 Cohen 提出的模拟预测精度评价标准，即 Kappa 系数介于 0.6 ～ 0.8，预测结果一致性程度属于显著；而本书研究 Kappa 系数为 0.825 1，说明改进的 CA-Markov 模型模拟滹沱河流域山区段土地利用变化趋势具有较高精度。

表 7-1　2015 年研究区土地利用类型实际栅格数与预测栅格数对照表

土地利用类型	2015 年实际栅格数	2015 年模拟栅格数	Kappa 指数
耕地	1 319 384	1 319 384	0.8 807
林地	1 905 867	1 905 867	0.9 155
草地	4 063 965	4 063 965	0.8 879
水域	120 967	120 967	0.7 162
建设用地	305 490	305 490	0.8 156
未利用地	12 661	12 661	0.7 663

（四）土地利用与土地覆盖变化预测

利用通过精度验证的 Logistic-CA-Markov 模型对 2025 年、2030 年研究区的土地利用格局进行预测，预测结果显示：在自然环境因素不发生突变，社会发展保持现有速度的条件下，到 2025 年研究区各种用地面积分别为耕地 14.47 万 hm^2、林地 20.23 万 hm^2 草地、31.80 万 hm^2、水域 0.66 万 hm^2、建设用地 2.37 万 hm^2、未利用地 0.05 万 hm^2（表 7-2）。通过与 2015—2020 年的各类用地的变化趋势对比发现，区域土地利用格局基本与前一时期保持一致。2020—2025 年，耕地面积缓慢增加，2030 年，研究区各种用地面积分别为耕地 16.65 万 hm^2、林地 21.16 万 hm^2、草地 28.92 万 hm^2、水域 0.58 万 hm^2、建设用地 2.25 万 hm^2、未利用地面积为 0.03 万 hm^2，耕地和林地面积呈增加趋势，草地和建设用地面积继续呈减少趋势，水域和未利用地面积有所减少。

表 7-2　2025 年、2030 年研究区土地利用变化预测

土地利用类型	2025 年		2030 年	
	面积 / 万 hm^2	比例 /%	面积 / 万 hm^2	比例 /%
耕地	14.47	20.80	16.65	23.93
林地	20.23	29.07	21.16	30.40
草地	31.80	45.70	28.92	41.55
水域	0.66	0.95	0.58	0.84
建设用地	2.37	3.41	2.25	3.24
未利用地	0.05	0.08	0.03	0.05

（五）结论与建议

2025 年、2030 年的土地利用与土地覆盖变化预测结果显示：2025 年，研究区土地利用与土地覆盖变化将会继续保持建设用地下降的趋势，但建设用地下降的速率降低，同时林地面积有所增加，主要由草地转入，区域自然生态条件得到一定的恢复；草地面积出现减少趋势，林地植被出现不同程度的退化趋势，今后应当有意保护草地、林地面积，减少人类在上面的破坏活动；耕地出现增加趋势，今后应保证在耕地数量的基础上，不断提升耕地的质量；水域面积出现减少趋势，反映了五台山地区湿地系统的恢复取得了一定成效，但同时也要巩固生态恢复保护成效，防止湿地面积缩减。

第五节　区域土地可持续利用措施

对五台山地区土地利用变化的预测分析，可以有效指导区域土地可持续利用和发展，提前制定出行之有效的措施，对研究区域土地利用变化机制有着重要的参考价值。

区域土地资源持续利用应当遵循以下原则，一是科学规划区域中农用地、建设用地和生态用地的比例；二是区域内经济发展水平和当地的自然环境相协调。

一、农用地可持续利用措施

区域土地利用类型多样，主要包括农用地、建设用地和生态用地三大类，为保证区域土地可持续利用，需要针对不同土地利用类型的特点和性质，采取相应的措施，才能做到游刃有余。

为保障农用地可持续利用，可以采取减少耗水农作物种植面积、调整种植业结构、转移农村剩余劳动力、发展农牧结合的生态农业等措施，具体从以下方面着手，如图 7–4 所示。

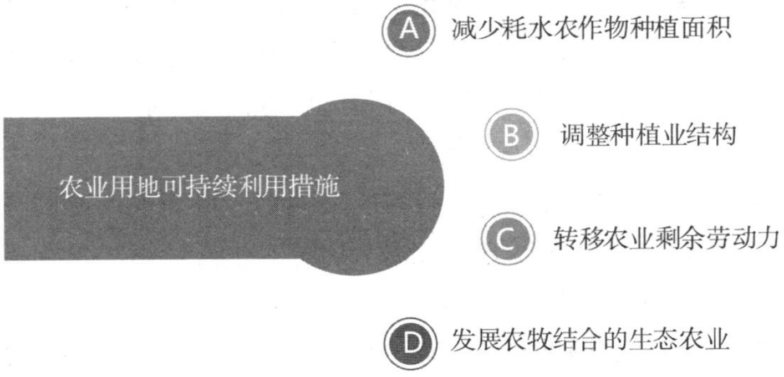

图 7–4　农用地可持续利用措施

（一）减少耗水农作物种植面积

目前，我国地下水位面临较大的威胁和挑战。如果继续按照当前种植结构和产量要求用水，地下水位无疑会继续下降，进而加剧水土资源的矛盾。因此，需要采取“开源节流”的措施，以解决地下水赤字开采、水资源不平衡的问题，即减少耗水作物的播种面积，节约农业用水，其具体对策如下：

（1）使用深耕蓄水和覆盖技术。

（2）发展节水灌溉技术。

（3）增施有机肥和利用水肥耦合技术。

（4）根据降雨时空分布特征，调整作物种类和播期，体现在以下方面：种植耐旱、水分利用率高的作物品种；调整作物熟制，种植降水和需水耦合性好的农作物；调整播期，使得降水和农作物生育期耗水相耦合，以避免干旱的影响。

（二）调整种植业结构

对经济作物而言，在市场机制中的天然阻力就是市场及其市场风险。因此，有必要建立产、供、销一条线的生产模式，并调整种植业的结构，最终提高土地资源的合理配置和土地的效益。

首先，政府部门需要根据市场的需求和潜在需求，调整种植业的结构。每个区域对农作物类型和质量的要求并不相同，在调整种植结构初期，需要掌握当地种植的优势和特点，并结合市场调研需求，以使得种植业结构符合当地的需求，可以获得长远发展。因此，当地政府部门需要组织和成立专门的市场调研队伍，对当地市场信息进行搜集和整理，指导农户提高种植作物的品质和数量，并和与产品需求单位签订相关的合同，以保证经济作物的产路和销量。

其次，政府部门需要加大对农产品的质量检测，保障农产品的质量。同时，政府部门需要加大对生态环境的检测，通过对生态环境的重视进而加强农户对生态环境的保护和建设。

最后，政府部门需要增加对农产品的深加工力度，进而实现农产品增值。在目前的市场条件和现实因素下，粮食生产投入产出比较低的这种情况在短时间内不会有所改变，农产品的初级产品收益较低也将会长期存在。为实现农产品的增值、增加农民收入，政府部门应当加大对农产品的深加工力度，并改善种植业结构。

总之，政府部门应当以市场为导向，依托当地的土地资源和劳动力资源，优化农作物布局及其品种结构，优化农产品的品质，提高农产品的竞争力。

（三）转移农业剩余劳动力

要想促进土地资源的可持续利用，就必须将剩余劳动力进行有效转移，可以采取以下方法或措施。

1.建设劳动力密集型产业

根据区域农作物的特点和性质，建设农产品产业和项目。例如，棉花、花生等可以加工制作为棉质产品和食用油产品，这些产业或工厂不仅可以吸纳大量的农村劳动力、形成较好的收益，还可以形成较大的市场规模，促进区域经济水平的提高。需要注意的是，蔬菜生产对水资源的耗费巨大，应当慎重选择和发展蔬菜产业。

2.大力发展畜牧业

随着我国城市居民和乡村居民饮食结构的改变，我国人民对牛奶的需求量进一步提高。同时，玉米是大多数农用地的主要产品之一，具有生产总量高、容易存活、耗水量较小、耐干旱等优点，因此可以将玉米作为家畜的饲料，大力发展畜牧业，以完成产业结构的转化，最终吸纳更多的农村劳动力，实现剩余劳动力的有效转移。需要注意的是，地方政府需要根据实际情况（如区位条件、人才培养、工业基础等）慎重发展工业项目，一旦这些工业项目无法顺利落实，将会对当地的水土资源造成严重污染。

3.加大对农村劳动力的培训，提升其专业素质

对农村劳动力来说，技术素质和文化素质是其转移的关键。具备过硬技术能力和专业技能，可以帮助其在其他领域发挥出自身的价值。因此，地方政府可以针对区域特点，对农村劳动力进行技术培训和专业技能培训，通过全方位、多层次的劳动力培训体系，帮助农村劳动力具备一技之长，最终更好地适应市场。

目前，发达地区的第二、第三产业得到快速发展，很多农户已经完成非农户的转移，而其农用地资源相对丰富且出租费用较低，因此可以通过合作

社的方式承包流转土地，组织农村剩余劳动力从事现代农业的经营。农闲时节，当地居民在居住村庄周边从事第二、第三产业，有助于实现“离土不离乡”的城镇化战略任务，这也是解决农村劳动力转移的有效途径。

（四）发展农牧结合的生态农业

生态农业是实现农业持续健康、高效发展的必经之路，是高产、高效、优质、低耗的现代化农业生产体系，遵守“整体、循环、协调、再生”的基本原理，这与持续土地利用管理的理念不谋而合。

因此，可以发展农业和牧业相结合的生态农业，以实现土地的持续利用管理，可以采取以下方法或措施。

1.调整种植结构

为实现农牧结合，需要调整和改变农业的种植结构，将“粮食－经济作物”二元种植调整为“粮食－饲料－经济作物”三元种植。例如，可以大面积种植玉米、饲草等农作物，以更好地为畜牧业提供饲料。又如，可以在盐碱地或旱地种植饲草，这不仅可以改良土壤性质，还可以为牧业提供必要的饲料。

2.建立牧业服务体系

农牧结合具有得天独厚的优势，具有优化生态环境功能、增值功能、培育地力功能以及满足社会需要功能等，为提高土地利用效率提供了思路和方案。为有效发展农牧结合，地方政府应当建立牧业服务体系，以支撑当地畜牧业的发展。

首先，可以建立良种服务体系，为当地畜牧业发展提供优良的牧业品种。

其次，可以建立疫病防治体系，为当地畜牧业发展提供疫病防治办法或措施，以保障当地畜牧业的健康发展。

最后，可以建立饲料工业体系和加工销售体系，为当地畜牧业发展提供充足的粮食支撑，进而促进农牧结合。

3.提供政策和资金支持

农牧结合离不开地方政府政策的支持，亦离不开地方政府资金的支持，充足的资金可以为农牧结合提供物质基础和保障。

因此，为促进农牧结合，地方政府不仅需要出台必要的政策和规定，引导畜牧业和农业的有序结合，还需要加大资金的投入力度，以更好地支撑农业和牧业的结合，如可以加强对农民的信贷支持。

二、建设用地可持续利用措施

城市土地利用和城市用地空间结构的演变有着内在一致性，因此，要想促使城市用地空间结构的演变朝着可持续利用的目标前进，需要对以下几个环节进行控制。

（1）引导城市土地利用主体的合理用地行为。

（2）企业在进行用地选择和布局时需要以可持续发展观为指导。

（3）城市居民的各种活动应当与城市土地可持续利用目标一致。

（4）采取各种措施优化城市内部用地结构，引导城市外延空间的合理扩展。

（5）加大对城市用地结构演变的动态监控。

（6）加强对城市资源生态环境的保护和建设。

与农用地不同，建设用地只要按照自然规律、应用科学合理的手段、不断改良和调整建设用地规划，就可以持续利用并不断提高产出率。

然而，建设用地的持续利用是有一定条件的，一旦不能科学合理开发和利用建设用地，就会破坏建设用地的生态系统，降低建设用地的生产能力。因此，可以采取以下措施进行建设，如图 7–5 所示。

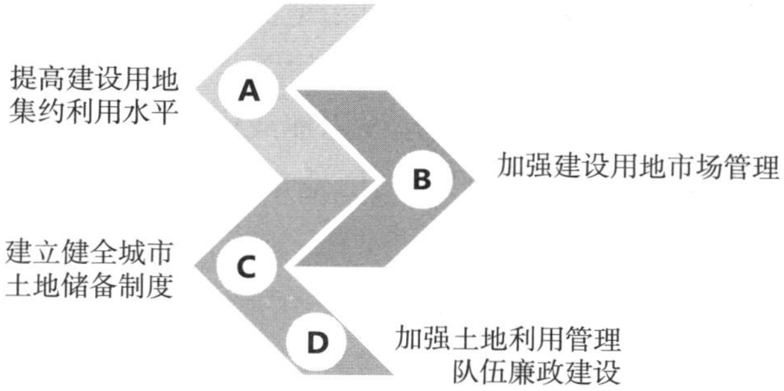
提高建设用地
集约利用水平
A
B
加强建设用地市场管理
建立健全城市
土地储备制度
C
D
加强土地利用管理
队伍廉政建设

图 7–5　建设用地可持续利用措施

（一）提高建设用地集约利用水平

城市化建设是我国发展的必然选择，但在城市化建设过程中会涉及扩展用地面积，而这些建设用地的来源包括两个途径：一是占用农用地；二是提高建设用地集约利用水平。从土地利用的角度来看，前者占用的土地往往是地势平坦、水源充足、土壤肥沃、交通便利的农田，具有较高的农用价值和作用，使得土地资源不能得到充分利用；后者则是对建设用地进行规划和开发，在土地面积不变的基础之上，建造多种类型和用途的建筑。

为实现建设用地的可持续利用，必须提高建设用地的集约利用水平，以充分发挥出建设用地应有的作用和价值。

首先，可以应用经济手段对原有的城市用地进行二次开发（或内涵型再开发），以优化城市用地结构。

其次，可以根据级差地租规律对土地资源配置进行引导，通过地价杠杆等经济手段，引导土地投资行为或盘活土地使用权，进而形成集约用地的自我约束机制，最终做到不占或少占耕地。

最后，可以应用现代技术手段对建设用地进行合理布局，如遥感技术、全球定位系统和地理信息系统等，可以保证建设用地管理的高效率，使建设用地的布局更加合理。

总之，建设用地集约利用可以减少城市化对农用地的占用，实现城市用地结构优化，即使占用也不会像计划经济时期那样粗放用地。

（二）加强建设用地市场管理

随着城市化和工业化的推进，加上城乡二元土地所有制和管理制度的限制，我国呈现出建设用地的紧张和农村土地的低效利用并存的局面，建设用地的可持续利用成为城市发展面临的核心问题。

为避免土地使用主体过度开发建设用地或由于某种因素不重视对建设用地的保护，应当建立公平有序的建设用地市场，以实现建设用地的可持续利用。

1.积极培育和完善建设用地市场

对建设用地使用主体制定相关的规定和制度，建立公平有序的市场氛围，在确保建设用地使用主体的合法权益的同时，规定土地使用主体的责任和义务，保持建设用地市场的平稳健康发展。

要想充分发挥市场在建设用地（尤其是城市土地）资源配置中的主导作用，应当培育和完善建设用地市场，可以从以下方面着手。

首先，对土地供给方式进行改进和完善，取缔土地交易的隐形市场或取消原有土地流转的不合理规定，引导和鼓励社会建立统一有序、公平公开的建设用地市场，进而正确引导建设用地的使用者自觉调整不合理的用地利用方式、用地规模等，改善不合理的城市用地结构，提高建设用地资源的配置效率，最终实现土地资源的优化配置。

其次，健全土地使用权招标拍卖制度和程序，使其运作机制更为规范化和标准化，为投资者提供公平的竞争机会，由市场决定土地价格和土地用途等。

再次，完善土地资产运营监管机制，并明确土地的经营权和收益权等权利，使得土地市场有法可依、有章可循。通过对土地资源的监督管理，对土地市场进行有效监督，保障土地市场的健康、顺利运转。

最后，规范各级政府和各土地市场主体的有关土地交易行为，营造出有序规范的市场环境，包括完善建设用地使用权出让、转让、出租等条件，制定城市土地产权抵押条例等。

2. 加强建设用地的供应管理

为严格遵循“控制总量、限制增量、盘活存量、集约利用”的原则，应当对建设用地的供应加强管理，从编制土地供给计划出发，严格控制建设用地供应总量。

首先，在开发建设用地时，不仅需要对占用耕地实施平衡措施，还需要对自然环境和生态环境进行平衡。例如，如果占用森林和草地用地需要补充同样面积的森林和草地用地。

其次，通过各种手段（如法律手段、经济手段等）将城市中的各类土地进行集中统一供应，包括划拨土地和闲置土地等，通过量化分析进而确定对应的供地计划，严格规定供地数量、位置和时间等，最终宏观调控建设用地的总量。

（三）建立健全城市土地储备制度

城市土地是一项巨大的社会资产，为城市建设和发展提供资金和土地来源。为保证城市土地合理有序地发展并实现土地增值，应当建立和完善城市土地储备制度，以更好地开发和利用城市用地。

根据城市土地储备制度，城市土地储备中心主要负责将土地加以收回、置换、收购、征用、整理等，并对土地进行开发和整理使之成为熟地，随后进行储备或根据年度土地利用计划供地。

在上述过程中，为保证土地的储备和开发过程更加顺利，有必要建立土地储备机制，明确土地储备的流程和制度，可以从以下方面着手，如图 7–6 所示。

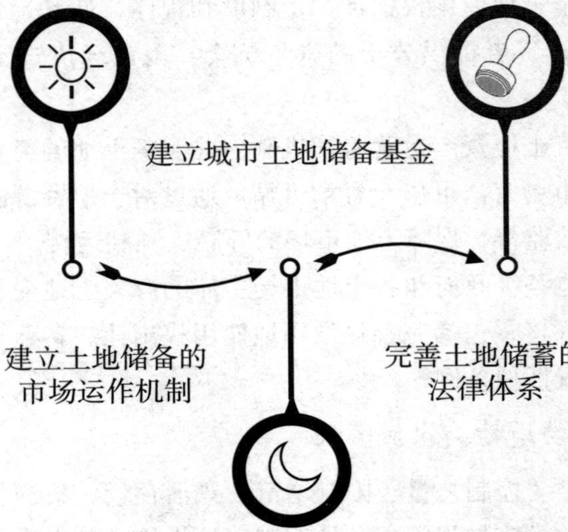
建立城市土地储备基金
建立土地储备的
市场运作机制
完善土地储蓄的
法律体系

图 7–6　建立健全城市土地储备制度措施

1. 建立土地储备的市场化运作机制

为保证土地储备可以顺利平稳运转，有必要建立土地储备的市场化运作机制，通过市场运作机制，确保城市土地的收回、置换、收购、征用、整理等工作，以及时满足城市土地的储备。

2. 建立城市土地储备基金

要想保障城市土地储备工作的顺利运行，其前提是具备充足的资金，因此建立土地储备基金成为必然趋势。政府应当对这些城市土地储备基金进行有效管理，以确保基金的安全和有序运转。

3. 完善土地储备的法律体系

要想保障城市土地储备工作的有序运行，其基础是具备完善的土地法律体系，以为城市土地储备工作提供必要的法律支撑，包括土地储备制度的流程和方法等，以法律的形式保障其工作的开展和运行。

（四）加强土地利用管理队伍廉政建设

在建设用地可持续利用中，为保障建设用地可以有序、长远运转，应当重视土地利用管理队伍的廉政建设。

首先，对土地利用管理队伍进行廉政管理，制定相关的廉政规章制度，为土地利用管理人员提供方向和思路，有效约束土地利用管理人员的行为，最大限度避免土地违法现象的发生。

其次，建立专门的管理和监督部门，并由此指导和监督土地利用管理队伍，一旦发生土地利用腐败行为及时进行处理，起到“防微杜渐”的作用。

最后，制定土地利用管理激励机制，通过对土地利用管理人员行为的激励，激发相关人员的工作热情，以促进土地管理人员发挥出自身的价值，对建设用地进行科学合理的规划，使得建设用地发挥出最大的价值和作用。

三、生态用地可持续利用措施

作为自然资源资产，生态用地具有重要的生态系统服务功能和价值，一旦生态用地遭到外界的破坏和过度开发，将会影响其长远发展，不符合其可持续利用的理念。因此，政府应当采取一定的措施，以保证生态用地可持续利用和发展，如图 7-7 所示。

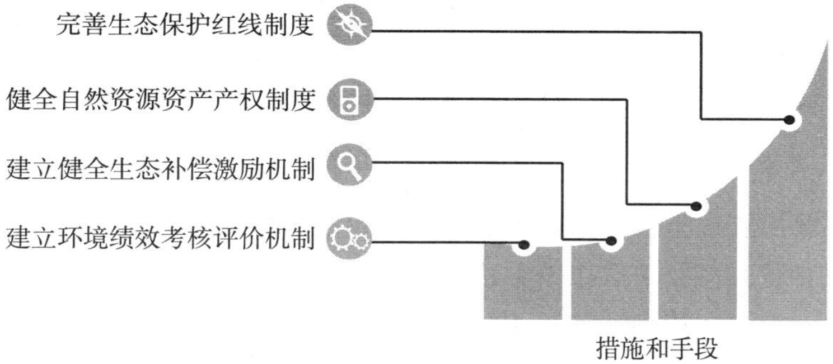
完善生态保护红线制度
健全自然资源资产产权制度
建立健全生态补偿激励机制
建立环境绩效考核评价机制
措施和手段

图 7-7　生态用地可持续利用措施

（一）完善生态保护红线制度

《中华人民共和国环境保护法》对生态保护红线进行了原则性规定和约束，明确了生态保护红线的法律地位。

1. 生态保护红线的概念

生态保护红线是指在环境质量安全、自然生态服务功能、自然资源利用等方面，实行严格保护的空间边界与管理限值，以维护区域生态安全及可持续发展，保障人民的健康安全，其实质是生态环境安全的底线。

生态保护红线可以分为环境质量安全底线、生态功能保障基线、自然资源利用上限。

其中，环境质量安全底线包括环境质量达标贡献、环境风险管理红线、污染物排放总量控制红线，是保障人民呼吸新鲜空气、喝上干净的水和吃上放心的粮食、维护人类生存的基本环境质量的安全线。

生态功能保障基线包括重要生态功能区生态红线、禁止开发区生态红线、生态环境敏感区和脆弱区生态红线等，在这些区域内禁止进行工业化和城镇化开发，有利于保护区域内的物种和生态系统，维护着我国生态系统用地的开发和利用。

自然资源利用上包括能源利用红线、水资源利用红线、土地资源利用红线等，是指上述土地、能源、水资源的利用不应突破的最高限值，促进资源能源节约有序利用，并优化着生态用地的配置，使得森林、草地、湿地等得到有效保护。

总之，划定生态保护红线不仅可以引导生态用地布局，促进生态用地资源的集约利用，还可以使得经济布局和资源环境承载能力更加契合，增强社会经济可持续发展的能力，具有重要的作用和价值。

2. 完善生态保护红线制度方法

生态保护红线是具有强制性的生态空间管理制度。为完善生态保护红线的建设和发展，可以采取以下方法。

首先，在遵守相关法律法规的基础之上，制定出严格、细化和具体的生态保护红线管理法规，具体包括管理程序、破坏和侵占生态保护红线的行政、民事和刑事法律责任、具体的监督责任等，并确定其管控路径。

其次，应当增强规划引导，完善生态环境保护法律法规，加强环境保护执法能力建设，针对生态用地管理、围填沼泽等问题制定相应的监督制度，进一步推进生态用地高水平开发利用。

最后，按照区域功能定位和生态系统完整性原则，对生态用地格局进行优化，改善和提高生态系统服务功能，理顺生态用地保护和发展的关系，构建出功能稳定、结构完整的生态安全格局，使得生态用地得到可持续利用和发展。

（二）健全自然资源资产产权制度

作为一种自然资源资产，生态用地的使用和管理亦有其归属，需要遵守一定的法律法规。因此，可以建立健全“权责分明、归属清晰、监管有效”的自然资源资产产权制度，为生态用地的管理提供有力的法律保障。

首先，应当制定生态用地使用权界线、制定清晰的产权，以有效预防某些主体对生态用地的侵权行为，避免随意开发和利用生态用地，提高对生态用地的合理高效利用。

其次，加快推进自然资源资产统一确权登记工作，并建立相应的管理机制（如分级行使所有权管理机制），具体包括档案管理、产权登记、产权交易等管理制度，以更好地建成“权责对等、边界清晰、利益平衡”的所有权系统。

总之，通过建立健全自然资源资产产权制度，可以有效保证生态用地的建设质量和行为，实现生态用地可持续利用。

（三）建立健全生态补偿激励机制

生态保护红线区域一旦被划定，无可避免会对所在地区的发展规划和项目建设等产生直接影响。因此，可以建立健全生态补偿激励机制进行经济支持。

首先，建立健全生态保护红线区域的生态补充制度，并结合区域的实际情况，包括生态用地面积、生态用地类型、生态环境需求等，设置具有差异化的补偿途径和补偿标准。

其次，建立直接奖励机制。对生态保护红线区域进行监测和评估，并对生态红线保护绩效和评分较高、生态系统服务功能较高的地区给予直接奖励，以引起其他区域对生态用地的保护和建设，激励其他地区发挥出生态用地的价值和作用。

最后，在生态保护红线管理方面进行创新，通过市场化和社会化的手段，多渠道开辟生态补偿资金的来源途径，并构建政府 - 市场 - 社会三方参与的生态补充融资机制，为生态用地建设提供必要的资金支持，如将这些资金用于修复和保护生态红线区域中的土壤和植被等。

（四）建立环境绩效考核评价机制

生态用地的保护和建设需要环境绩效考核制度加以引导和保障，通过对生态环境的考核评价，可以不断促进和完善生态用地可持续发展。

环境绩效考核评价是保护生态环境的导向性约束机制，同时对生态保护红线区域具有保护作用，可以采取以下方法构建。

首先，建立相关环境绩效考核评价机构，由该机构主导对各个区域生态用地的环境绩效进行考核和评价，并将生态保护红线的监测评价结果、生态用地可持续利用程度等作为绩效考评的重要依据，进而促进各个区域生态用地的可持续利用和发展。

其次，根据环境绩效考核依据，明确绩效考核的相关指标体系。在对生态用地进行考核和评价时，需要针对具体的目标设定相应的指标，以得到科学合理的评价结果。因此，可以将生态环境质量的改善、生物的多样性、保护性红线区域设置的合理性、生态用地的植被数量等作为评价指标，更好地对生态用地的环境绩效进行客观公正的评价。

最后，明确生态功能不降低、用地性质不改变、用地面积不减少的原则，并以此为目标导向，制定出相关的措施，加强生态用地可持续利用。

参考文献

[1] 邓祥征 . 土地用途转换分析 [M]. 北京：中国大地出版社， 2008.
[2] 刘艳中， 陈勇 . 土地利用总体规划 [M]. 武汉：中国地质大学出版社， 2014.
[3] 孔祥斌 . 华北集约化农区土地利用变化及其可持续研究：以河北省曲周县为例 [M]. 北京：中国农业大学出版社， 2006.
[4] 吴蒙 . 长三角地区土地利用变化的生态系统服务响应与可持续管理研究 [M]. 上海：上海社会科学院出版社， 2020.
[5] 唐双娥 . 应对气候变化的土地利用及变化法律制度研究 [M]. 北京：中国政法大学出版社， 2016.
[6] 刘七军， 李昭楠 . 干旱绿洲区农业土地利用变化对水资源利用及农民收入的影响 [M]. 银川：宁夏人民出版社， 2017.
[7] 吕志强， 陈红顺 . 经济快速发展区土地利用变化及其生态环境效应 [M]. 成都：西南交通大学出版社， 2013.
[8] 胡金龙 . 旅游开发背景下漓江流域土地利用变化及生态效应研究 [M]. 北京：企业管理出版社， 2020.
[9] 谢花林 . 区域土地利用变化的生态效应研究 [M]. 北京：中国环境科学出版社， 2011.
[10] 全斌 . 中国西北与东南土地利用变化及比较 [M]. 北京：中国环境科学出版社， 2010.
[11] 陈勇 . 区域土地利用变化机制与调控研究 [M]. 北京：中国大地出版社，2009.
[12] 许月卿 . 环京津贫困带土地利用变化及其优化调控研究 [M]. 北京：中国农业大学出版社，2015.
[13] 张兆福 . 城镇化进程中土地利用变化理论及实证研究 [M]. 合肥：中国科学技术大学出版社，2012.
[14] 张正栋 . 韩江流域土地利用变化及其生态环境效应 [M]. 北京：地质出版社， 2010.

[15] 刘桂芳．黄河中下游过渡区县域土地利用变化研究：以河南省孟州市为例 [M]. 郑州：河南大学出版社，2014.
[16] 胡和兵．城市化背景下流域土地利用变化及其对河流水质影响研究 [M]. 合肥：合肥工业大学出版社，2014.
[17] 赵小敏，陈文波．土地利用变化及其生态环境效应研究 [M]. 北京：地质出版社，2006.
[18] 莫宏伟，任志远．基于 GIS 的关中地区土地利用变化及土地生态安全动态研究 [M]. 北京：中国环境科学出版社，2011.
[19] 李月臣．中国北方土地利用 / 覆盖变化问题研究 [M]. 重庆：重庆大学出版社，2008.
[20] 葛京凤，冯忠江，高伟明，等．土地利用 / 覆被变化对水循环影响机制与优化模式研究：以河北太行山区为例 [M]. 北京：中国科学技术出版社，2007.
[21] 崔海亭，王静爱，朱宗元．土地利用与景观变化：内蒙古中部 [M]. 北京：中国环境出版社，2016.
[22] 徐新良，庞治国，于信芳．土地利用 覆被变化时空信息分析方法及应用 [M]. 北京：科学技术文献出版社，2014.
[23] 海春兴，郝润梅．农牧交错带土地利用方式变化驱动研究 [M]. 北京：中国环境出版社，2014.
[24] 郝仕龙．土地利用 / 土地覆被变化研究：以宁夏南部山区为例 [M]. 郑州：黄河水利出版社，2009.
[25] 苗长虹，钱乐祥．伊洛河流域土地利用和土地覆被变化与可持续发展研究 [M]. 北京：中国环境科学出版社，2006.
[26] 康蕾．京津冀城市群土地利用变化驱动力及模式 [M]. 北京：科学出版社，2022.
[27] 闫慧敏，潘理虎，黄河清．土地利用变化多主体模型构建及实证研究 [M]. 北京：科学出版社，2021.
[28] 马彩虹．土地利用变化与生态系统服务权衡 [M]. 北京：科学出版社，2018.
[29] 吕立刚．土地利用变化的土壤水文效应研究：以东南丘陵区为例 [M]. 南京：南京大学出版社，2018.
[30] 何亚芬，谢花林，朱振宏．鄱阳湖地区土地利用变化与生态安全预警研究 [M]. 北京：气象出版社，2020.
[31] 赵小汎．土地利用变化与生态效应管理 [M]. 北京：中国社会科学出版社，2017.
[32] 任志远，周忠学，李小燕，等．西北河谷盆地土地利用变化效应与生态安全 [M]. 北京：科学出版社，2017.
[33] 盖艾鸿，岑国璋．庆阳市土地利用变化及土地生态安全评价 [M]. 北京：气象出版社，2015.

[34] 龙开胜，赵亚莉，陈利根，等．生态地租视角下生态补偿及其土地利用变化效应研究 [M]. 北京：科学出版社，2018.
[35] 刘惠清，许嘉巍．景观生态学 [M]. 长春：东北师范大学出版社，2008.
[36] 岳耀杰，王静爱．沙区土地利用变化与优化研究 [M]. 北京：科学出版社，2011.
[37] 张艳芳．区域土地利用变化的低碳效应与低碳经济发展研究 [M]. 北京：科学出版社，2014.
[38] 王静，郑振源，邵晓梅，等．中国土地利用变化与可持续发展研究 [M]. 北京：中国财政经济出版社，2012.
[39] 韦素琼，陈健飞．土地利用变化区域对比研究：以闽台为例 [M]. 北京：科学出版社，2006.
[40] 白娥，薛冰．土地利用与土地覆盖变化对生态系统的影响 [J]. 植物生态学报，2020，44(5)：543–552.
[41] 赵京，胡贤辉．土地利用结构变化及生态系统协调发展研究综述 [J]. 城市建设理论研究（电子版），2020(21)：126–127.
[42] 刘川，石晶．基于土地利用变化的新疆生态系统服务价值研究 [J]. 安徽农业科学，2019，47(10)：70–73，78.
[43] 宋雪婷.2010—2018 年武威市土地利用变化及驱动因素研究 [D]. 兰州：兰州大学，2021.
[44] 杨琳．永吉县土地利用结构变化及人文驱动因素分析 [D]. 长春：吉林农业大学，2021.
[45] 蔡壮．杭州湾土地利用变化的生态环境效应研究 [D]. 上海：上海师范大学，2020.
[46] 齐学蕾．基于遥感与 GIS 的临淄区土地利用变化与生态环境效应研究 [D]. 济南：山东师范大学，2020.
[47] 于超．基于遥感和土地利用变化的山东省生态系统服务价值估算研究 [D]. 曲阜：曲阜师范大学，2021.
[48] 第珊珊．土地利用变化及其生态环境效应研究：以崇州市为例 [D]. 成都：四川师范大学，2019.
[49] 阿迪莱・如则．土地利用转型及其生态环境效应研究：以开都 – 孔雀河流域为例 [D]. 乌鲁木齐：新疆农业大学，2020.
[50] 程梦林．基于“三生”的山区土地利用转型及其生态环境效应研究：以河北省阜平县为例 [D]. 石家庄：河北经贸大学，2020.
[51] 郭强．土地利用变化对赣江流域水文过程的影响分析 [D]. 重庆：西南大学，2020.
[52] 田雨．重庆市长寿区土地利用景观变化及土地综合承载力评价研究 [D]. 重庆：

西南大学，2020.
[53] 苏英慧 . 重庆市永川区土地利用变化及其景观生态风险评价研究 [D]. 重庆：西南大学，2021.
[54] 徐允 . 重庆市永川区土地利用景观格局变化及功能分区研究 [D]. 重庆：西南大学，2019.
[55] 张晓敏 . 大同市土地利用变化及其生态安全评价研究 [D]. 晋中：山西农业大学，2019.
[56] 于宝航 . 江苏省泰州市姜堰区土地利用变化分析与生态安全评价研究 [D]. 南昌：东华理工大学，2021.
[57] 谭倩倩 . 成都市密集建成区土地利用变化与生态安全格局研究 [D]. 成都：西南交通大学，2021.
[58] 朱亚楠 . 乌鲁木齐市土地利用景观格局变化与生态安全耦合协调研究 [D]. 乌鲁木齐：新疆农业大学，2020.
[59] 郭梓芳 . 陕北农牧交错带土地利用景观格局与生态安全耦合机理研究 [D]. 西安：长安大学，2019.
[60] 赵杰 . 南昌市土地利用景观生态安全评价与生态安全格局构建研究 [D]. 南昌：江西农业大学，2019.
[61] 张帅 . 郑州市生态安全评价及生态安全格局构建研究 [D]. 昆明：云南大学，2020.
[62] 陈瑶瑶 . 南昌市建设用地扩张与土地景观生态安全时空演变及耦合关系研究 [D]. 南昌：江西农业大学，2021.
[63] 赵鑫 . 珠三角地区土地利用变化及生态承载力研究 [D]. 赣州：江西理工大学，2020.
[64] 吴蒙 . 长三角地区土地利用变化的生态系统服务响应与可持续性情景模拟研究 [D]. 上海：华东师范大学，2017.
[65] 李祖政 . 北京市生态系统服务对气候和土地利用的响应及情景模拟 [D]. 北京：北京林业大学，2021.
[66] 郭洪春 . 山地丘陵地区土地利用变化模拟对生态系统服务价值的影响研究：以万安县为例 [D]. 南昌：江西师范大学，2021.
[67] 刘雪莹 . 三北地区土地利用动态变化及对生态系统服务价值的影响 [D]. 保定：河北农业大学，2021.
[68] 邵麒睿 . 基于生态学理论的吉林市土地利用规划研究 [D]. 长春：吉林农业大学，2016.
[69] 杜嵩 . 基于土地利用变化的西安市景观生态风险评价研究 [D]. 西安：西安科技大学，2021.

[70] 陈艳红 . 基于土地利用变化的长江经济带景观生态风险评价与影响因素研究 [D]. 武汉：湖北大学，2021.
[71] 白舒婷 . 基于土地利用变化的吉林西部景观生态风险评价研究 [D]. 长春：吉林大学，2019.
[72] 滕永核 . 基于土地利用变化的钦州市景观生态风险评价研究 [D]. 南宁：南宁师范大学，2020.
[73] 赵建鹏 . 面向区域的土地利用变化驱动力尺度效应研究 [D]. 昆明：昆明理工大学，2020.
[74] 张雪英 . 辽宁西部地区土地利用时空变化及驱动力研究 [D]. 阜新：辽宁工程技术大学，2021.
[75] 杨丹 . 土地利用变化的时空特征及驱动力分析：以黄河下游开封段背河洼地区为例 [D]. 开封：河南大学，2019.
[76] 朱晓昱 . 呼伦贝尔草原区土地利用时空变化及驱动力研究 [D]. 北京：中国农业科学院，2020.
[77] 钟金铃 . 张家界市土地利用 / 覆被变化时空特征与驱动力研究 [D]. 吉首：吉首大学，2019.
[78] 刘晓涵 . 陕西省延安市土地利用 / 覆被变化及驱动力研究 [D]. 北京：北京林业大学，2020.
[79] 祝聪 . 岷江上游土地利用 / 覆被变化及驱动力分析研究 [D]. 成都：四川师范大学，2019.
[80] 付建新 . 祁连山南坡土地利用 / 覆被变化及其驱动力研究 [D]. 西宁：青海师范大学，2019.
[81] 管诗敏，杨桂梅，杨钰华，等 . 平潭土地利用变化及驱动力分析 [J]. 四川建筑，2021，41(6):21–23.
[82] 肖海婷，姚雨荷，张羽，等 . 基于 GIS 和 RS 的大兴安岭地区土地利用变化及驱动力分析 [J]. 科技创新与应用，2022，12(12)：63–69，75.
[83] 钟珊，罗响 . 基于遥感和地理信息的武汉市土地利用变化及驱动力分析 [J]. 武汉理工大学学报，2021，43(9)：43–50.
[84] 张雪英 .1990—2020 年辽西地区土地利用变化及驱动力分析 [J]. 无线电工程，2021，51(8)：711–719.
[85] 张芳芳 . 陇东南地区土地利用变化及驱动力分析 [J]. 山西师范大学学报（自然科学版），2021，35(3)：117–122.
[86] 郭鼎 . 基于遥感的市域土地利用变化及驱动力研究 [J]. 农业技术与装备，2020(8)：56–57.
[87] 王玲，米文宝，王鑫，等 . 限制开发生态区土地利用变化驱动力分析：以宁夏西

吉县为例 [J]. 干旱区资源与环境，2019，33(1)：51–57.
[88] 刘悦 .2003—2015 陈寨土地利用变化及驱动力因素分析 [J]. 黑龙江工程学院学报，2019，33(3)：40–45.
[89] 相妮，薛洁，王平云 . 青岛市西海岸新区土地利用变化及驱动力分析 [J]. 城市勘测，2021(4)：41–44.
[90] 郝玉娜 . 介休市土地利用变化及驱动力分析 [J]. 华北国土资源，2018(5)：79–81.
[91] 靳含，杨爱民，夏鑫鑫，等 . 基于 CA–Markov 模型的多时间跨度土地利用变化模拟 [J]. 干旱区地理，2019，42(6):1415–1426.
[92] 吴萌，任立，陈银蓉 . 城市土地利用碳排放系统动力学仿真研究：以武汉市为例 [J]. 中国土地科学，2017，31(2):29–39.
[93] 崔艺凡 . 长三角城市群土地利用碳排放特征及其影响因素研究 [D]. 徐州：中国矿业大学，2019.
[94] 王怡欣 . 黄河中下游地区土地利用碳排放效应及低碳优化 [D]. 哈尔滨：哈尔滨师范大学，2022.
[95] 马远，刘真真 . 黄河流域土地利用碳排放的时空演变及影响因素研究 [J]. 生态经济，2021，37(7):35–43.
[96] 王玮，雷虹，陆红艳 . 利益相关者对企业环境管理的影响研究：以珠三角纺织印染企业为例 [J]. 汕头大学学报 (人文社会科学版)，2011，27(1):51–59，95，3.
[97] 时文婷 . 陕西省土地利用碳排放研究 [D]. 西安：长安大学，2018.
[98] 凡雨宸 . 基于 GIS–GWR 的湖南省土地利用碳排放时空演变及其影响因素分析 [D]. 株洲：湖南工业大学，2020.
[99] 张茹倩，李鹏辉，徐丽萍 . 城镇化对新疆土地利用碳排放的影响及其耦合关系 [J]. 生态学报，2022，42(13):5226–5242.
[100] 李泽坤， 任丽燕， 马仁锋， 等 . 杭州市县域土地利用碳排放时空格局及影响因素研究 [J]. 科技与管理， 2020， 22(1):1–9.
[101] 袁霄 . 近 20 年来重庆市土地利用碳排放的时空格局及低碳优化 [D]. 重庆：西南大学， 2018.
[102] 景勇，左玲丽，彭文甫 . 四川盆地西北部土地利用碳排放时空变化分析：以绵阳市为例 [J]. 环境科学与技术， 2021， 44(6):172–185.
[103] 张中秋， 劳燕玲， 赵宁俊， 等 . 广东省土地利用 – 碳减排 – 经济增长的脱钩关系 [J]. 水土保持通报， 2022， 42(1):250–258， 266.
[104] 袁壮壮， 叶长盛， 李辉丹 . 基于土地利用变化的南昌市碳排放效应分析 [J]. 湖南师范大学自然科学学报， 2021， 44(5):30–39.
[105] 付晓阳， 何邕健， 霍子文 . 天津市碳排放与土地利用：产业发展的耦

合评价 [J]. 建筑创作， 2022(1):180-185.
[106] 张贞， 高金权， 薛雅君 . 天津市不同土地利用的碳排放特征及空间格局研究 [J]. 资源开发与市场， 2016， 32(4):437-442.